AF390132

LA CROIX

DE PIERRE.

CORBEIL. — IMPRIMERIE DE CRÉTÉ.

LA CROIX
DE PIERRE

PAR

M. MARDELLE,

AUTEUR

DES PRINCES NORWÉGIENS, DE L'AVEUGLE DE VALENCE, D'UNE NUIT AU
FORT DE DERPT, DE LA PETITE MAISON D'AUTEUIL, ETC., ETC.

I

PARIS,
ALLARDIN, LIBRAIRE,
QUAI DE L'HORLOGE, 57.
1836.

I.

LA PROMENADE

AU BOULEVART DU MONT-PARNASSE.

A la bataille de Luçon livrée dans la Vendée, le 13 août 1793, trente mille royalistes, ayant à leur tête les généraux d'Elbée et Charette, attaquèrent avec la plus vive impétuosité cette place que défendaient neuf mille soldats républicains aux ordres du général

Tuncq. Foudroyés par l'artillerie légère dont, pour la première fois, ils voyaient l'usage, les Vendéens furent culbutés et mis en déroute complète, laissant sur le champ de bataille plus de six mille des leurs et une grande partie de leurs canons.

Le capitaine Roger se fit particulièrement remarquer parmi les braves républicains qui se distinguèrent dans cette mémorable journée ; mais, atteint de deux coups de feu au fort de la mêlée, on le transporta dans une ambulance où ses blessures furent pansées.

Nommé chef de bataillon en récompense de sa belle conduite, il reçut l'ordre de rejoindre, après sa guérison, le 104e régiment de ligne qui faisait partie de l'armée du Nord. A peine se crut-il en état de reprendre son service, qu'il se mit en route pour sa destination; mais ses blessures s'étant rouvertes, il fut forcé, en passant par Paris, de séjourner dans cette ville. Autorisé à y rester jusqu'à son entier rétablissement, il prit un logement dans une maison garnie, rue Férou, près de l'église Saint-Sulpice, et informa sa famille du motif qui le retenait dans la capitale.

Sa sœur n'eut rien de plus pressé que de quitter son pays pour voler auprès de lui et lui prodiguer ses soins. Grace à sa sollicitude et aux secours de l'art, Roger se trouva rétabli en moins de six semaines, et, quoiqu'une balle lui eût fracassé la jambe droite, il commençait à marcher en s'appuyant sur le bras de sa sœur.

— Que je suis content de rejoindre l'armée du Nord! dit Roger à sa sœur, un jour qu'il se promenait avec elle sur le boulevart du Mont-Parnasse : cela m'offrira sans doute l'occasion d'aller à Avesne-le-Sec, notre pays... J'aurai donc le bonheur de revoir notre excellente mère et ta chère fille!... C'est que voilà plus de dix ans que je ne les ai embrassées! Qu'il me tarde de les presser contre mon cœur!

—Qu'elles seraient heureuses l'une et l'autre, mon frère, si le Ciel leur accordait cette insigne faveur! Si tu savais comme maman t'aime!...... et cette bonne Juliette, avec quel enthousiasme elle parle de son oncle!.... Dame, mon ami, c'est que, quoiqu'elle ne t'ait pas vu depuis dix ans, elle ne t'a point oublié.

— Bonne petite nièce!.... Je la vois encore, cette aimable enfant, grimpant sur mes genoux, me serrant dans ses petits bras, et couvrant ma figure de ses tendres baisers. Qu'elle était gentille !... Cependant son extrême douceur ne l'empêchait pas d'être parfois espiègle ; et je me rappelle que, quand elle me trouvait endormi, elle me réveillait toujours en me tirant la moustache, ce qui me faisait beaucoup rire. C'était en 1783 : j'étais alors caporal au régiment des Gardes-Françaises dans lequel je servais depuis six ans, et j'étais au pays en congé de semestre.

— Pourrais-je oublier cette époque, mon cher Roger ? Hélas! sans toi, mon père ne m'eût jamais pardonné l'accident dont je fus victime. Il eût été inexorable, et serait mort en me maudissant ; mais heureusement ta présence dans ma famille a été un bienfait du Ciel pour moi et pour ma Juliette, car mon père avait juré de ne plus me revoir.

— Il est vrai que ce pauvre cher homme avait la tête montée et qu'il ne voulait plus entendre parler de toi ; mais un père est toujours père, et le nôtre était si bon, qu'il n'a pu tenir contre nos sollicitations. Les larmes de notre mère, mes vives instances, ton désespoir, et surtout la vue de ta fille, si jeune, si gentille, ont enfin désarmé son courroux. Tu es rentrée en grace, ma chère Marie, et, Dieu merci, par ta bonne conduite, par ta tendresse pour l'auteur de nos jours, tu as recouvré l'estime de tous les habitans de l'endroit.

— C'est une justice à leur rendre, mon ami ; je n'ai qu'à me louer de leur indulgence. Malgré l'affreux événement qui m'est arrivé, et auquel je ne puis songer sans rougir, ils ont toujours eu pour moi les plus grands égards.

—Parce que tu les mérites, ma sœur. Ton aventure avait fait d'abord beaucoup de bruit dans le canton ; mais quand on a su quel moyen le marquis de Vermont avait employé pour te perdre, alors chacun t'a plainte sincèrement d'avoir été la victime du plus perfide des hommes.

— Le cruel ! que de larmes il m'a fait verser ! Que je suis malheureuse de l'a-

voir connu! hélas!..... me voir déshonorée pour jamais quand ma conscience ne
me reproche rien!.... quelle affreuse
destinée! Non! je ne puis songer au
crime dont cet homme s'est souillé,
sans sentir mon cœur se soulever d'indignation.

—Crois-moi, Marie, bannis de ta pensée ce douloureux souvenir. Si tu as lieu
de maudire l'auteur de ton infortune,
d'un autre côté, ta fille fait ta consolation. Tous ceux qui la connaissent
s'accordent à dire qu'elle est charmante.

— En effet, Juliette est aussi belle
que bonne.... O mon frère, si tu la
voyais maintenant, tu partagerais ma
tendresse pour elle.

— On la dit grande, bien faite ; on
vante surtout la régularité de ses traits.

— Elle est belle comme un ange. Je crois qu'on trouverait difficilement une figure plus noble que la sienne. Enfin c'est tout le portrait de son père.

— Ce M. de Vermont était donc bien de sa personne?

— Quoique âgé de quarante-deux ans, à l'époque où j'eus le malheur de le connaître, il était encore d'une beauté remarquable. Il joignait à cet avantage les manières les plus distinguées. Sa voix touchante, son maintien plein de grace, son air affable et doux, tout en lui semblait concourir à le rendre le plus aimable des hommes... Hélas! que je fus abusée! cet être, que la fortune avait comblé de tous ses dons, cachait l'ame la plus perverse sous les dehors les plus séduisans.

1*

— Mais, ma sœur, tu en parles avec un tel enthousiasme, que je serais tenté de croire que tu as eu quelque penchant pour lui.

— Je ne m'en défends pas, mon cher Roger : oui, malgré mon extrême jeunesse, j'éprouvai pour M. de Vermont un sentiment qui me dominait malgré moi. Dès que le perfide m'approchait, j'étais tremblante, émue, interdite. Quand il me pressait tendrement la main, je sentais mon cœur battre avec violence, et, s'il fixait sur moi des regards passionnés, je ne pouvais les soutenir sans rougir. Sa voix touchante, qui pénétrait dans mon ame, y portait un trouble inexprimable. Enfin, te l'avoue-rai-je ? j'adorais le marquis ; mais, mon frère, garde-toi de penser que je lui aie jamais donné lieu de profiter de l'empire qu'il exerçait sur mon cœur! Malgré mon inexpérience, il ne put me séduire. Ne pouvant oublier la distance qui me séparait d'un homme d'un si haut rang, je mis tous mes soins à lui cacher mes secrets sentimens. Je crus, pendant quelque temps, qu'il avait renoncé à une passion que l'honneur m'ordonnait de combattre, et j'en rendis grace au Ciel; mais, hélas! malgré les précautions que je pris pour éviter sa présence, il avait juré ma perte, et je devins la victime d'une trame abominable.

— Le traître! quelle lâcheté!... et c'est la nuit même de son départ pour Constantinople qu'il osa consommer ta ruine! Il ne craignit pas de commettre cette action infâme chez madame la comtesse de Saint-Séran, sa sœur! Ce fut pendant le séjour qu'il fit au château de cette dame que, par le plus odieux des artifices, ce vil débauché abusa de ton innocence!... Mais, ma sœur, comme tu es émue!... Tu pleures! Ah! pardon, pardon... je viens de réveiller dans ton ame des souvenirs bien cruels!.... Tu dois m'excuser, Marie; car je ne puis me rappeler tes malheurs sans frémir de rage.

— Tu viens de me parler, mon frère, d'une personne qui me fut si chère, que je ne puis entendre prononcer son nom sans verser des larmes. Tu ne peux, mon ami, te faire une idée des regrets que sa mort a laissés dans notre pays. Madame de Saint-Séran y faisait tant de bien ! Malgré les sacrifices énormes qu'elle avait faits pour soulager la misère d'une foule d'infortunés, elle se disposait encore à faire construire un hospice pour les pauvres du canton, qui, par leur grand âge ou leurs infirmités, ne pouvaient plus subvenir à leurs besoins par le travail. Mais le Ciel en ordonna autrement : elle mourut subitement, avant d'avoir eu le temps d'effectuer ce dessein.

— Je me rappelle que tu fus longtemps inconsolable de sa mort : toutes les lettres que tu m'écrivais exprimaient une profonde tristesse.

— Comment n'aurais-je pas été douloureusement affectée? Tu n'as sans doute pas oublié ce que je devais aux bontés de madame de Saint-Séran.

— Oui, Marie, le souvenir de sa tendre sollicitude pour toi restera éternellement gravé dans mon cœur. Veuve et sans enfant, elle te prit en amitié et t'éleva comme sa propre fille; elle soigna ton éducation, et se plut à former ton cœur et ton esprit. J'ai su qu'elle voulait mettre le comble à ses bienfaits en te mariant à un notaire de Cambrai; mais le court séjour que son frère vint faire chez elle a renversé l'édifice de ton bonheur. Sans lui, ma chère Marie, depuis long-temps tu serais bien pourvue; tu jouirais de la considération que tu mérites..... Que je déteste ce Vermont! Où est-il maintenant?..... Sans doute à Coblentz avec ces infâmes émigrés qui n'aspirent à rentrer en France que pour rétablir un régime abhorré et exercer les plus cruelles vengeances. Ah! si un jour ce misérable tombait entre mes mains!.....

— Mon frère, cesse de t'occuper de cet homme ; il est peut-être maintenant plus à plaindre que moi. Si, comme il est probable, il a quitté la France, il doit être malheureux, et pour peu que des remords.....

— Des remords!..... tu connais mal le caractère des ci-devant nobles : ils se croyaient tout permis envers les gens du peuple. Loin de chercher à cacher leurs turpitudes, ils affichaient la plus profonde immoralité, et faisaient trophée de leurs vices. Vermont, qui a passé une grande partie de sa vie dans les cours, est un homme corrompu. Va, tu peux m'en croire, il n'a point de remords... Mais changeons de conversation, car, lorsque je pense à cet être méprisable, je fais toujours du mauvais sang..... Actuellement parlons de nos affaire. Grace à tes soins, me voici entièrement rétabli de mes blessures, et je vais incessamment partir pour ma nouvelle destination.... Nous allons donc nous séparer, ma bonne Marie !

— C'est ce qui me désole, mon frère ; mais espérons que nous nous reverrons bientôt.

— Tu es heureuse, toi : dans quelques jours tu presseras dans tes bras notre bonne mère et ta Juliette, tandis que moi, je ne sais quand je pourrai les embrasser..... jamais peut-être !.... Je voudrais bien cependant, avant de mourir, revoir ma famille et visiter la tombe de mon père.

— Tu me fais frémir, Roger..... pourquoi parles-tu de mourir ?

— Parbleu, quand on a voué son bras à la défense de la patrie, on doit s'attendre à subir les chances de la guerre. Dans tous les cas, il est beau de mourir pour son pays, et, si je succombe dans la glorieuse lutte que la république soutient contre toutes les puissances de l'Europe, je mourrai content d'avoir contribué au triomphe de la liberté.

L'horloge de Saint-Sulpice, qui se fit entendre en ce moment, interrompit la conversation que Roger reprit bientôt.

— Quatre heures !.... je ne croyais pas qu'il fût si tard. Nous nous sommes oubliés à la promenade..... Allons gagner notre dîner.

— Il est inutile de tant se presser, mon frère ; nous arriverons encore assez à temps ; notre traiteur se fait toujours attendre, et notre demeure n'est pas très-éloignée.

II.

Le frère et la sœur, rentrés dans leur logement, attendirent en effet leur dîner pendant plus d'un quart-d'heure. Comme ils allaient se mettre à table, ils entendirent une grande rumeur dans le quartier. Curieux d'en connaître le motif, ils se mirent à la fenêtre et virent toute la rue envahie par la force armée. Un homme, revêtu de l'écharpe tricolore, donnait des ordres à plusieurs gens armés de sabres et de piques et affublés du bonnet rouge. Ils le suivirent dans une maison qu'ils visitaient avec soin, tandis que la troupe qui les avait accompagnés gardait toutes les issues et empêchait le monde de circuler.

— Que se passe-t-il donc? demanda Marie à son frère : tout le monde est en émoi dans les environs. Est-ce qu'il serait arrivé quelque événement malheureux ?

—Je présume, ma sœur, qu'il s'agit de visites domiciliaires..... Dame, vois-tu..... c'est que toutes les têtes sont montées, et, dans ces temps de troubles, il faut si peu de chose pour mettre tout un quartier en alarme !

—Je crois que tu as raison : ce sont sans doute les membres du comité révolutionnaire de la section, qui font des perquisitions dans la maison située en face...... Ils n'auront pas trouvé ce qu'ils y cherchaient.

— Quel zèle ils mettent dans cette enquête!..... Mais, si je ne me trompe, ils se dirigent actuellement vers cet hôtel... oui, c'est ici qu'ils vont venir. Regarde-les, ma sœur.

— Le toit s'avance de manière à m'empêcher de les voir; mais il est certain qu'ils sont maintenant dans la maison..... cela me fait trembler !

— Qu'as-tu à redouter? Ils peuvent, si cela leur plaît, visiter notre logement ; ils n'y trouveront rien de suspect.

— Tiens !..... les entends-tu ?

— Oui, ils sont déjà au premier étage.

— Ciel !... Quel train ! quel tapage ! ils parlent tous à la fois.

— Ouvre la porte, ma sœur..... Du moins, s'ils s'avisent de monter jusqu'à notre quatrième, ils verront que nous ne craignons pas leur présence.

Les agens du comité révolutionnaire visitaient en effet tous les coins et recoins de la maison, et, quand ils arrivèrent au quatrième étage, ils entrèrent pêle-mêle dans le logement occupé par le frère et la sœur.

— Ah ! c'est toi, citoyen commandant, dit à Roger l'homme à l'écharpe tricolore..... C'est donc ici que tu loges ?

Cela étant, je crois qu'il est inutile que nous cherchions chez toi notre particulier; car je te connais mon brave : tu es un bon *sans-culotte*, toi, et tu n'es pas d'humeur à donner asile à un émigré, n'est-ce pas?

— Je t'en réponds, citoyen. Je déteste trop les ennemis de notre patrie, pour les protéger. Quoi qu'il en soit, je désire que tu fasses visiter scrupuleusement les trois chambres que nous occupons, ma sœur et moi.

— Je n'en vois pas la nécessité..... Cependant, en y réfléchissant, notre devoir nous l'ordonne.....Hé! hé! vous autres, ajouta-t-il en s'adressant à ses gens, voyez, entrez dans les deux autres chambres. Surtout qu'on ne touche à rien. N'oubliez pas que c'est ici la demeure d'un brave qui a été blessé en combattant les satellites du despotisme. Faites diligence, mes amis, car nous allons continuer nos recherches dans tout le quartier.

Le chef de la bande, resté seul auprès de Roger et de Marie, se jeta dans un fauteuil en s'essuyant le front avec son mouchoir.

— Citoyen, lui dit le militaire, il paraît que tu es bien fatigué.

— Ce n'est pas étonnant, après avoir monté, descendu et remonté je ne sais combien d'étages. D'ailleurs, il fait une chaleur étouffante.

— La sueur découle de ton front.... Tu as besoin de te rafraîchir, citoyen; tu vas accepter un verre de vin ?

— Merci; je n'en bois jamais.

— Tu veux rire, citoyen?

— Non, mordieu, je ne ris pas... je ne bois que de l'eau.

— Cela m'étonne..... mais tes camarades?

— Oh! quant à eux, c'est différent.

— Hé bien! je vais leur faire vider quelques bouteilles de Bourgogne... Marie, apporte des verres.

— Je te le défends, citoyenne. Mes hommes sont dans l'exercice de leurs fonctions, et je ne souffrirai pas qu'ils soient distraits de leur service. Nous avons mission d'arrêter un ennemi de la république, un agent de Pitt et de Cobourg peut-être. Notre devoir nous prescrit de ne point perdre un seul instant... Mais voici mes braves compagnons..... Hé bien! mes amis, vous n'avez rien trouvé?

—Rien, répondit le plus âgé de la troupe; mais nous en étions sûrs d'avance. Est-ce qu'un aristocrate oserait se frotter à un bigre à poil comme le citoyen Roger qui est connu dans le quartier pour un franc républicain?

— Tu as raison; Roger ne peut être suspect : un ancien garde-française!... un vainqueur de la Bastille!!! C'est que sa réputation est faite depuis long-temps à celui-là!... Mais, mes amis, hâtons-nous de continuer nos perquisitions; suivez-moi..... Adieu, brave Roger... une poignée de main avant de nous quitter!

—Volontiers.

—Je suis vraiment fâché que notre

visite vous ait dérangés au moment de
vous mettre à table... Au revoir, braves
gens.

III.

Dès que les agens du comité révolutionnaire furent partis, Roger ferma la porte et alla s'asseoir vis-à-vis de sa sœur qui venait de se mettre à table et de servir la soupe.

— Sais-tu, dit Roger à Marie, que

tu avais l'air bien singulier en présence de ces sans-culottes? Tu étais pâle et tremblante, et tu n'as pas desserré les dents. Tu devais au moins adresser quelques mots à leur chef qui est un homme respectable.

— Je n'aurais jamais osé.

— Pourquoi?

— Parce qu'il m'aurait fallu tutoyer ce vieillard, et je ne puis m'habituer à une chose semblable.

— Dame, ma chère, dans la crise où nous sommes, il faut s'accoutumer aux choses les plus extraordinaires.

— C'est un temps bien dur à passer.

— C'est vrai; mais, crois-moi, cela finira bientôt. Quand la France aura triomphé de tous ses ennemis, les esprits se calmeront. Alors nos mœurs.....

Roger, cessant tout à coup de parler, se lève précipitamment et a l'oreille aux aguets.

— Qu'as-tu donc, mon frère ?

— Écoute, Marie... quelqu'un est dans le cabinet.

— En effet, j'entends du bruit.

— On s'y sera introduit par le toit... Tiens, voilà qu'on ferme la fenêtre.

— O mon Dieu ! si c'était l'émigré qu'on cherche !

— Cela ne m'arrangerait pas... D'ailleurs j'exècre les émigrés, et je ne suis pas homme à les protéger.

— Quoi ! tu livrerais un malheureux !

—Non pas ; mais, ne voulant point me compromettre, je le ferais déguerpir..... Dans tous les cas, voyons ce que c'est.

Roger court vers le cabinét dont il ouvre la porte, et aperçoit un homme dont les traits annoncent une frayeur mortelle.

— Que vois-je ! s'écrie-t-il ; que faites-vous là? comment êtes-vous entré dans ce cabinet?

L'étranger, n'osant encore s'expliquer, lui montre la fenêtre et le regarde d'un air suppliant.

— Répondez, continue Roger; qui êtes-vous?

—Hélas ! Monsieur, je tremble de vous le dire.

—Monsieur ! Monsieur ! quel langage! je n'aime pas qu'on m'appelle monsieur.

—Citoyen..... excusez; mais je suis si troublé, que j'oubliais.....

— Expliquez-vous... Me direz-vous enfin pourquoi vous vous êtes introduit ici ?

— Pour éviter une mort certaine.

— Vous êtes donc l'homme qu'on cherche dans ce quartier?

— Oui, citoyen : je m'étais réfugié dans la maison voisine où les gens qui me poursuivent allaient m'atteindre, quand je me suis échappé par la lucarne d'un grenier. Je suis venu par les toits jusque dans ce réduit. C'est sans doute le Ciel qui m'a conduit ici, car vous êtes militaire, et les braves sont toujours généreux. Non, vous ne livrerez pas la tête d'un innocent à la hache des bourreaux.

— Vous avez raison : un semblable rôle ne saurait me convenir. Vous n'avez rien à redouter de ma part ni de celle de ma sœur que vous allez voir. Loin de vous dénoncer, elle m'aidera à vous dérober aux poursuites dirigées contre vous...... Marie ! Marie ! crie-t-il en appelant sa sœur.

—Qu'entends-je? quel nom !

Marie, qui s'empresse de venir, reste stupéfaite à l'aspect de l'étranger. Celui ci est également frappé d'étonnement en reconnaissant l'infortunée qu'il a si cruellement trompée.

— Dieu! que vois-je! s'écrie-t-il; c'est elle!

— Vous ici, M. de Vermont? dit Marie.... ah! je frémis!...

— Que dis-tu, ma sœur ?.... quoi!

c'est Vermont.... Voilà donc l'infâme qui t'a déshonorée! ce misérable qui, à l'instant même, parlait de son innocence!

—Il est vrai, Monsieur, que je fus bien coupable; mais, si j'ai commis une action détestable, le Ciel a bien vengé votre sœur; car depuis seize ans le souvenir de mon crime pèse sur mon cœur.

—·Lâche! la crainte seule du danger qui te menace te fait tenir ce langage; mais le repentir n'est pas rentré dans ton ame dépravée. Ah! ne crois pas te soustraire à ma vengeance. Il faut que je lave dans ton sang l'affront que tu as fait à ma famille.

Roger saisit une épée suspendue à un porte-manteaux, la jette aux pieds de Vermont, tire la sienne, et veut le forcer à se battre.

— Scélérat, poursuit-il, je ferais bien peut-être de purger la terre d'un monstre tel que toi; mais je ne suis ni un assassin ni un dénonciateur. Allons, prends cette arme et défends-toi!

—Arrête, mon frère, s'écrie Marie en se précipitant au devant de Roger; au nom du Ciel! épargne les jours du père de ma Juliette.

— Que dites-vous, Marie? reprend de Vermont hors de lui; quoi! j'aurais une fille?

—Oui, continue le militaire, ma sœur fut victime de ta lubricité; mais, loin d'être l'objet du mépris de ses compatriotes, ils la plaignirent tous et maudirent ta perfidie. L'on sut qu'une servante que tu avais subornée lui avait fait prendre un somnifère et t'avait introduit auprès d'elle, la nuit même de ton départ pour une mission diplomatique. L'idée d'un tel forfait redouble ma fureur, et, puisque le destin t'amène devant moi, je vais venger ma sœur.

Roger veut de nouveau se précipiter sur de Vermont; mais Marie l'arrête encore et cherche à le calmer en fixant sur lui des regards supplians.

— Frappez, reprend de Vermont en découvrant sa poitrine : j'ai mérité la mort et je la recevrai sans me plaindre. Mais, puisque je dois expier par mon sang un crime qui m'a causé tant de remords, croyez-moi, Roger, livrez-moi à mes ennemis, et que ma tête roule sur l'échafaud. Votre vengeance n'en sera que plus terrible et ne vous laissera aucun regret, puisque mon supplice sera un acte de justice..... Cependant, avant de décider de mon sort, je désire faire une dernière disposition en faveur de cette chère Marie que j'ai si indignement trahie et de l'enfant qui nous doit l'existence. Tenez, ajoute-t-il en tirant de sa poche un petit coffret couvert en maroquin rouge, prenez ceci : c'est un écrin qui contient pour plus de trois cent mille francs de diamans. Je suis en outre muni d'une ceinture qui renferme une trentaine de mille francs en or, et mon porte-feuille est garni d'assignats. Permettez que je remette le tout entre vos mains : après, vous ferez de moi ce que vous voudrez ; du moins je serai sûr, en mourant, d'avoir mis à l'abri du besoin l'ange dont j'ai détruit le bonheur et une fille qui, hélas! ne connaîtra jamais l'auteur de ses jours.

— Croyez-vous, Monsieur, que l'or puisse faire oublier l'outrage que vous avez fait à ma sœur? Que sont les richesses au prix de l'honneur?

— De l'honneur!..... Ah! Monsieur, que ne puis-je, avant de recevoir le coup fatal, réparer un tort que depuis long-temps je ne cesse de me reprocher! Hélas! si, en épousant Marie, je pouvais obtenir d'elle et de vous un généreux pardon, je quitterais la vie avec moins de regrets.

— Quoi! Vermont, s'écrie Marie, vous seriez disposé...?

— Chère Marie, Dieu, qui lit dans les cœur, sait si je suis sincère...... Oui, je

goûterais encore un instant de bonheur sur la terre si, avant de subir le
sort qui m'est réservé, il m'était permis de vous laisser mon nom.

— Grace, mon frère! grace pour ce-
luiqui m'a rendue mère! Tiens, contem-
ple ce malheureux dans cette attitude
suppliante : il embrasse nos genoux et
ses yeux sont remplis de larmes. Il nous
tend les bras; le repousserons-nous?
Oh! non.... tu lui pardonnes, n'est-ce
pas? oui, tu lui pardonnes? O bonheur!
te voilà désarmé : tu vas l'appeler ton
frère, ton ami. Songe, mon cher Roger
à l'aveu que je te faisais tantôt; ne t'ai-je
pas dit que, malgré la distance qui me séparait du marquis, je l'avais long-temps
aimé en secret? Hé bien! quoiqu'il ait
flétri ma jeunesse, quoiqu'il m'ait aban-

donnée avec mon enfant, je sens que je l'aime encore. Ah! Roger, laisse-toi fléchir!

Roger, attendri, ne peut résister plus long-temps aux larmes de sa sœur. Il porte alternativement sur elle et sur de Vermont des regards qui expriment la plus vive émotion.

— Venez l'un et l'autre dans mes bras, leur dit-il. Puisse cette réconciliation nous faire oublier nos chagrins réciproques, et amener un avenir plus heureux!

De Vermont témoigna par ses transports ce que son cœur ressentait si vivement. Il retrouvait dans Marie une femme qu'il n'avait pu oublier, et dans Roger un loyal militaire qui sans doute allait lui procurer les moyens de se soustraire aux poursuites dont il était l'objet. L'espoir renaissait dans son ame, et l'idée de jouir du bonheur d'être époux et père, et de vivre au sein d'une famille estimable se présentait à son imagination.

IV.

CEPENDANT le frère et la sœur venaient de conduire de Vermont dans la pièce d'entrée ; mais les émotions qu'ils éprouvaient tous les trois étaient si violentes, qu'ils furent quelque temps sans pouvoir se livrer au doux épanchement de leurs ames, ni exprimer de vive voix leurs pensées.

Marie s'étant enfin assise, le premier mouvement de de Vermont fut de se précipiter à ses genoux et de lui serrer la main qu'il couvrit de larmes et de baisers.

—O mon amie! s'écria-t-il, combien je rougis d'avoir sacrifié à une passion coupable une femme telle que vous! Eh quoi! vous m'aimiez et je l'ignorais! j'aurais pu régner sur votre cœur et jouir d'un bonheur pur!..... Malheureux! qu'ai-je fait? Que n'ai-je apprécié le trésor que j'ai perdu?.... Mais en étais-je capable?..... Hélas! à cette époque, quoique déjà d'un âge mûr, mon cœur était corrompu. J'avais puisé dans la société des grands des principes si pervers, que je n'ai point reculé devant un crime. S'il m'a procuré votre possession, en revanche, il m'a préparé des remords éternels. Que je maudis maintenant les mœurs si relâchées des gens de la classe où le sort m'a fait naître! C'est une éducation vicieuse, ce sont les plus mauvais exemples et les sots préjugés de l'ancien régime, qui m'ont porté à commettre l'infâme action qui me couvre de honte et pour laquelle j'implore mon pardon à vos pieds.

— Votre repentir me paraît si sincère, M. de Vermont, que j'oublie tous vos torts. Mais relevez-vous, et occupons-nous de nos affaires.

— Oui, reprit Roger, nous devons, avant tout, pourvoir à votre sûreté. Chaque fois que vous entendrez sonner à notre porte, vous vous réfugierez dans une armoire pratiquée au fond du cabinet. J'ai heureusement lieu d'espérer qu'on ne viendra plus vous chercher ici ; car, d'après ce que m'ont dit les agens du comité révolutionnaire, qui sortent de chez nous, ils sont loin de penser que je sois disposé à protéger un émigré.

— Je ne devrais pas être considéré comme tel, puisque, lors du décret du 20 octobre 1791, je me hâtai de rentrer en France, et qu'en arrivant à Valenciennes, je me mis en règle en prouvant que je n'avais jamais fait partie d'aucun rassemblement d'émigrés.

— Alors, pourquoi est-on à votre poursuite ?

— Parce que, malgré mon bon droit, je viens d'être inscrit sur la fatale liste.

— Mais, si vous êtes en règle, comme vous le dites, vous pouvez faire vos réclamations. Il y a mille exemples de gens qui se sont fait rayer de la liste des émigrés.

— Si je m'en avisais, je courrais à une mort certaine.

— Auriez-vous d'autres griefs sur votre compte?

— Je serais perdu, vous dis-je, si j'étais arrêté. Ce matin mon hôtel a été envahi par la force armée; et il est fort heureux pour moi que je sois parvenu à m'évader; car nul doute qu'on ait visité mes papiers, et je n'ai pas eu le temps d'anéantir ceux qui peuvent me compromettre.

— C'est une affaire grave!... Où donc est situé votre hôtel?

— Ici près, rue de Vaugirard, n. 5o : il y avait près de deux ans que je ne l'avais habité. Je suis arrivé hier soir à Paris, et je vais sans doute être forcé de m'en éloigner encore.

— Je suis curieux de savoir pourquoi vous êtes réduit à vous cacher.

— Je vous dirai tout, Monsieur. Je ferai plus : je vous ferai connaître tout ce qui m'est arrivé depuis mon départ pour Constantinople; mais je m'aperçois que vous n'avez point dîné, et je ne veux pas que ma présence vous cause d'embarras.

— Et vous, M. de Vermont, vous a-t-on laissé le temps de prendre quelque nourriture?

— Je n'ai rien pris depuis hier; mais vous sentez bien que, dans l'agitation où je suis, je ne me sens aucun appétit.

— N'importe : mettez-vous à table avec nous.

Tandis que Marie mit un couvert de plus, de Vermont la contemplait avec un ravissement extatique. Il admirait l'élégance de sa taille, la grace de sa démarche, sa figure céleste et son regard enchanteur. La nature l'avait effectivement pourvue de toutes les sortes de charmes, et, comme elle avait à peine trente-deux ans, elle était dans tout l'éclat de sa beauté.

— Qu'elle est belle ! s'écria de Vermont hors de lui.

— Il est vrai, reprit Roger, que ma sœur est fort bien ; mais ses bonnes qualités surpassent encore sa beauté.

Je ne connais pas de femme douée d'un meilleur naturel.

— Tu es indulgent, mon bon frère... Ah! si maintenant tu pouvais voir ma Juliette, tu serais convaincu qu'elle vaut mieux que moi.

— Eh quoi! charmante Marie, notre fille est donc un modèle de graces et de perfection?

— Je ne sais si c'est l'illusion d'une mère; mais il me semble qu'elle a tout pour elle..... Il est vrai que j'ai mis tous mes soins à la former, et, quoique la ferme de ma mère soit à quelque distance de la ville, je n'ai rien épargné pour l'éducation de cette aimable enfant.

— Plus je vous considère, Marie, plus ma conduite envers vous me paraît atroce. Vous avez rempli les devoirs d'une honnête femme, d'une bonne mère, tandis que j'ai foulé aux pieds les lois divines et humaines. Que ne puis-je bientôt réparer tout le mal que je vous ai fait!

— J'oublierai tout, Vermont, si ma Juliette retrouve en vous le protecteur que la nature lui a donné.

—Je sens déjà pour elle des entrailles de père. Que sera-ce donc quand je la connaîtrai, quand je la presserai sur mon sein? Oui, Marie, vous partagerez l'une et l'autre ma tendresse : vous ferez toutes deux la consolation de mes vieux ans. L'avenir peut encore m'offrir des jours heureux, mais, hélas! qui me dédommagera, chère épouse, du bien dont je me suis privé. Je maudis mon étoile en songeant que, possédant votre cœur, j'aurais pu passer auprès de vous plusieurs années dans l'ivresse du bonheur! Les temps sont bien changés; maintenant je ne puis plus prétendre qu'à votre amitié. Vous êtes jeune, belle, et moi, bientôt soixante hivers auront passé sur ma tête. Je ne puis m'abuser; à cet âge, on ne saurait inspirer de l'amour. Je serais néanmoins trop heureux, adorable Marie, si, par les plus grands égards et une affection sans bornes, je parvenais à vous faire oublier......

— Allons, de Vermont, interrompit Roger, cessez d'exhaler des regrets superflus! Nul doute que votre repentir ne soit sincère; mais toutes vos doléances ne répareront pas le mal. Ainsi brisons là dessus...... Commençons par manger un morceau ; car, malgré les diverses commotions qu'ont dû vous causer les événemens de la journée, vous devez, à cette heure, avoir besoin de prendre quelque chose...... Voyons, ma sœur; assieds-toi, et sers-nous le dîner.

Marie fit les honneurs de la table avec une grace particulière. Roger mangea avec appétit : quant à sa sœur et à de Vermont, ils étaient tellement occupés l'un de l'autre, qu'ils prirent fort peu de chose.

— Ah çà ! Monsieur, dit Roger au ci-devant marquis vers la fin du repas, voici le moment de nous faire le récit que vous nous avez promis.

— Quelle que soit la honte que j'é-prouve à rappeler une circonstance

qui a dû porter le trouble et la désola-
tion dans votre famille, je vais vous rendre compte des principaux événemens
qui me sont arrivés depuis le jour fatal
où je m'éloignai de vous, Marie, en dé-
testant ma mauvaise action et en
cherchant vainement à étouffer le cri de
ma conscience. Nommé secrétaire d'am-
bassade à Constantinople, je vins faire
mes adieux à madame de Saint-Séran,
ma sœur, retirée depuis plusieurs
années dans la terre qu'elle possédait
entre Bouchain et Avesne-le-Sec.
Pendant le court séjour que je fis dans
son château, je vous vis, chère Marie,
et vous m'inspirâtes une passion effrénée.
Je fis tout pour vous séduire; mais vous
m'accueillîtes avec une telle réserve,
que je renonçai à mes démarches. Brû-

lant néanmoins d'assouvir mes désirs, j'eus recours à un moyen que l'honneur réprouve, et j'obtins par la ruse et la violence ce que votre vertu ne me permettait point d'espérer. Je quittai la France pour me rendre dans la capitale de l'empire ottoman où j'eus bientôt la douleur d'apprendre la mort de madame de Saint-Séran. Les regrets que me fit éprouver la perte d'une sœur chérie, joints aux remords qui déchiraient mon ame, m'affectèrent si vivement, que je fis une longue et cruelle maladie. Cependant les secours de l'art me rendirent à la vie, et je restai à Constantinople jusqu'en 1788, époque à laquelle je fus rappelé en France par le cabinet de Versailles. Louis XVI, satisfait de ma gestion, crut devoir reconnaître mes services par le grand cordon de l'Ordre de Saint-Louis et une pension de douze mille livres sur l'État. Je fus aussi présenté à la reine qui m'accueillit de la manière la plus gracieuse et exigea bientôt mon consentement à un mariage qu'elle me fit contracter avec madame la marquise de Frémicourt, jeune veuve sans enfans, et riche de deux cent cinquante mille livres de rentes.

— Quoi! M. de Vermont, s'écria Marie en l'interrompant vivement, vous êtes marié!!!

— Je le fus, il est vrai; mais le Ciel ne bénit point cette union. Je ne fus pas heureux avec une épouse que Marie-Antoinette m'avait en quelque sorte imposée. Cette femme était impérieuse, acariâtre, dissipée; elle aimait le jeu avec passion, et sacrifiait tout à l'envie de briller et d'éclipser toutes les femmes de la cour. Elle n'était cependant pas jolie; mais elle poussait la coquetterie au suprême degré. Comme elle aimait la danse avec fureur, elle se livra avec tant d'excès à ce plaisir, qu'elle finit par avoir une fluxion de poitrine, dont elle mourut le 2 juillet 1789. Peu de jours après, la révolution éclata. Jouissant de la protection de *Monsieur*, comte de Provence, et admis dans son intimité, j'envisageai d'abord ce grand événement, sous le même point de vue que ce prince, c'est-à-dire que je partageai l'opinion qu'alors il manifestait hautement, et qui était que la nation française avait des droits sacrés dont on ne pouvait la dépouiller sans une injustice criante et sans mettre tout le royaume en feu. *Monsieur* étant venu résider au Luxembourg, et mon hôtel n'étant qu'à quelques pas de ce palais, je lui rendais de fréquentes visites. D'après sa profession de foi et sa conduite, je croyais à ses sentimens patriotiques. Aussi lui fus-je si dévoué, que, dans le commencement de juin 1791, je ne balançai point à lui prêter une somme de cinq cent mille francs dont il avait, disait-il, un pressant besoin, et qu'il devait me rembourser dans une quinzaine de jours. Mais quel fut mon étonnement, quand j'appris que, dans la nuit du 21 du même mois, ce prince avait quitté Paris, une heure après le roi et sa famille, et que, plus heureux que son frère, il était parvenu à sortir du royaume.

Cependant *Monsieur*, ne m'ayant point donné de reconnaissance pour la somme que je lui avais prêtée et désirant me rassurer sur le paiement de cet emprunt, m'écrivit plusieurs lettres datées de Coblentz où il avait rejoint le comte d'Artois. Dans une de ses dernières lettres, il m'invitait à me rendre auprès de sa personne afin de régler avec moi. Ayant besoin de mes fonds pour une opération que je projetais depuis long-temps, je fis les dispositions nécessaires pour ce voyage; mais, avant de partir, je voulus charger une personne sûre de diriger mes affaires pendant mon absence. Je jetai les yeux sur l'abbé Ducrey, prêtre de Saint-Sulpice, pour lequel j'ai le plus tendre attachement. Cet honnête ecclésiastique ayant

bien voulu accepter ma proposition,
je lui remis ma procuration pour toucher, pendant mon absence, diverses
créances pour mon compte, et je me
mis en route, persuadé que je ne pouvais remettre mes intérêts dans de meilleures mains. J'arrivai à Coblentz vers
le milieu de septembre ; mais le comte
de Provence en était absent pour quelques jours. Sur ces entrefaites, on publia le décret de la Convention, qui enjoignait aux émigrés de rentrer en
France dans le délai d'un mois, et,
comme la loi prononçait contre ceux
qui ne se soumettraient point à cet
arrêt non seulement le séquestre de
leurs biens, mais encore la peine de
mort, je n'attendis point le retour de
Monsieur, et je me hâtai de revenir dans

ma patrie. J'avais d'abord l'intention de me rendre directement à Paris; mais, en passant par Ham, je me rappelai que le ci-devant comte de Prévanes, avec qui j'avais été à l'école militaire, habitait une maison de campagne à une lieue de cette ville. Je me fis conduire chez cet ancien camarade qui me reçut avec la plus franche amitié. Il m'engagea à rester quelque temps chez lui, et, comme sa famille était charmante, j'acceptai cette offre avec plaisir. Je prévins les autorités de l'endroit de ma rentrée en France, et je me mis en règle pour ne pas être inquiété. M. l'abbé Ducrey me servit avec zèle dans cette circonstance. Il fit plus; il me traça, dans ses lettres, un tableau si effrayant de l'agitation qui régnait dans la capitale, que je fus tenté de rester chez de Prévanes. Sa campagne, quoique entièrement isolée et située au milieu des bois, réunit toutes les sortes d'agrémens. Loin de nous occuper des affaires politiques, nous passions nos journées à chasser, à pêcher, à monter à cheval, à jouer au billard, ou à faire de la musique. Le temps s'écoulait rapidement dans cet heureux séjour, et j'y serais resté long-temps encore, si M. l'abbé Ducrey ne m'avait pas informé que mes domes-tiques profitaient de mon absence pour mettre tout au pillage dans mon hôtel. Voulant juger par moi-même de l'état des choses, je quittai mes aimables hôtes avec promesse de retourner incessam-ment auprès d'eux, et je me mis en route pour Paris où j'arrivai hier sur les huit heures du soir. Le compte que l'abbé Ducrey m'avait rendu n'était que trop fidèle; car, en entrant dans mon hôtel, je trouvai plusieurs de mes domestiques autour d'une table abondamment servie. Ils buvaient les vins les plus précieux de ma cave et étaient dans une complète ivresse. Loin de se déconcerter à mon aspect, ils me parlèrent avec impudence, et m'invitèrent même, en me tutoyant, à prendre part à leur orgie. Indigné de cet excès d'audace, je leur ordonnai de sortir de ma présence, et leur annonçai que je les chassais tous de chez moi. Ces misérables se retirèrent en me traitant d'aristocrate, et en me menaçant de la voix et du geste. Cependant mon portier, qui est un honnête homme, me conduisit

dans mes appartemens où je trouvai
tout dans le plus affreux désordre. Le
plus grand gaspillage s'y faisait remarquer partout, et une foule d'objets précieux en avaient été soustraits. J'en-
voyai chercher l'abbé Ducrey qui
partagea mon indignation et déplora
comme moi les vols commis par mes
valets. Au milieu des soins qui m'occu-
paient en ce moment, une chose me
parut fort étrange : c'était le changement de costume de Ducrey. Il portait
une veste ronde, les cheveux longs et
plats, et un chapeau à trois cornes, orné
d'une large cocarde ; mais il s'est em-
pressé de me donner à cet égard des
explications qui m'ont convaincu que,
sans cette précaution, il aurait eu le
sort qu'un grand nombre de prêtres ont

subi. Ducrey, qui n'a que mes intérêts en vue, me donna un avis que je me hâtai de suivre. Il me conseilla de cacher l'argent et les effets précieux que je possédais. — C'est, me dit-il, le seul moyen de les soustraire à la rapacité des révolutionnaires. C'est assez qu'on vous sache fortuné, pour qu'on vienne, d'un moment à l'autre, faire des perquisitions chez vous. Croyez-moi, mettez-vous en mesure de conserver vos richesses, car nos niveleurs ne se font nul scrupule de s'approprier le bien des riches et surtout des ci-devant nobles. Ils ne sont jamais embarrassés de trouver des prétextes pour les dépouiller de ce qu'ils ont, et même pour les traduire au fameux tribunal présidé par le citoyen Fouquier-Tinville.

— Persuadé que mon ami Ducrey me donnait un conseil fort prudent, je résolus de transporter de suite, dans un lieu sûr, l'or, l'argent et les bijoux que renfermait mon cabinet. Ducrey m'aida dans cette opération à laquelle nous avons passé toute la nuit. L'endroit que nous avons choisi pour enfouir ces richesses qui sont d'une grande valeur ne saurait être découvert, et certes je n'ai rien à redouter de la part de Ducrey qui est la probité même. Satisfaits l'un et l'autre du résultat de notre travail qui nous avait occupé jusqu'à la pointe du jour, nous nous disposions à regagner mon appartement, quand, en traversant la cour des écuries, nous avons aperçu courir vers nous la fille de mon portier, un enfant de six à sept ans. — Je vous trouve enfin ! me dit-elle. Papa m'envoie vous dire qu'on est venu pour vous arrêter. De vilains hommes avec des sabres et des piques, sont dans votre appartement où ils bousculent tout. Un homme en écharpe vient de faire ouvrir votre secrétaire et visite en ce moment vos papiers. Voici la clé de la petite porte du jardin. Papa vous recommande de vous sauver par là et de ne pas perdre de temps. — Certain de me trouver fortement compromis par ma correspondance avec le comte de Provence, je suis sorti sur-le-champ de mon hôtel avec Ducrey qui m'a emmené chez lui, rue du Canivet, où il m'a laissé pour aller s'informer de ce qui se passait. Après avoir attendu son retour pendant toute la matinée, je ne l'ai

revu que vers les quatre heures. — Tout
est perdu , m'a-t-il dit en rentrant d'un
air effaré ! Vous êtes proscrit : vos domestiques vous ont dénoncé, et vous
êtes en outre porté, depuis quelques
jours, sur la liste des émigrés. Le comité révolutionnaire de la section, d'où
je sors à l'instant, vient d'ordonner
votre arrestation. Ses agens, ne vous
ayant pas trouvé chez vous , font des
visites domiciliaires dans tout le quartier. Ils se sont déjà introduits dans
deux maisons voisines, et vont venir
ici. Hâtez-vous de fuir, si voulez éviter
de tomber entre leur mains. Je suis
sorti précipitamment de la maison, et,
détournant à gauche, je suis entré dans
la rue Férou , lorsque mon cocher, me
reconnaissant de loin , s'est mis à ma

poursuite en criant: *Arrêtez ! arrêtez ! c'est un émigré !* J'ai redoublé de vitesse, et, trouvant une allée ouverte, j'ai pénétré jusqu'au fond; mais ayant aperçu, du bas de l'escalier que je me proposais de franchir, plusieurs personnes qui en descendaient, j'ai retourné sur mes pas, et, après avoir traversé la rue, je me suis réfugié dans la maison contiguë à celle-ci. J'étais parvenu à me cacher au fond d'un grenier où j'espérais rester jusqu'à l'entrée de la nuit; mais l'arrivée des gens qu'on avait envoyés à ma poursuite et qui visitaient déjà le premier étage, m'ayant forcé de déguerpir, j'ai gagné les toits et me suis bientôt introduit chez vous. Tels sont les dangers que je viens de courir. C'est le Ciel qui m'a conduit dans cet asile

où j'ai retrouvé une femme adorable
qui daigne me pardonner mes fatales
erreurs, et un généreux protecteur
qui va devenir mon frère, mon ami.

— Vous avez raison de compter sur
moi, Monsieur de Vermont. Il règne
dans vos discours un ton de franchise
qui me donne lieu de croire que vous
êtes sincère et que vous ferez le bonheur de ma sœur et de ma nièce.

— Désormais je ne veux vivre que
pour m'occuper de leur sort, et, pour
preuve que je n'en impose point, c'est
que j'exige que, dès à présent, Marie
soit dépositaire de ce précieux écrin
que je n'ai pas jugé convenable d'enfouir avec mes autres richesses. Tenez,
ma bien-aimée, le voici cet objet dont
le seul produit pourrait suffir à nos be-

soins. Gardez-le : qu'il devienne le gage de ma foi.

— De Vermont, conservez cet écrin ; il doit rester entre vos mains.

— Non, Marie, je ne le reprendrai point.

— Je dois cependant vous faire obser-ver, Monsieur, que nous sommes dans une crise si violente, qu'il est impossible que nous ne soyons forcés de nous sépa-rer pour quelque temps.

— Hélas ! je dois m'y attendre ; mais est-ce une raison pour m'empêcher de faire les dispositions que me prescrivent également le sentiment de mon devoir et la voix de la nature ? Puisque je me considère déjà comme votre époux et que je ressens pour Juliette la tendresse d'un père, mon premier soin est de m'occuper de l'avenir de ce que j'ai de plus cher au monde. Ainsi, ma chère Marie, indépendamment des diamans que je remets en votre possession, je vais vous donner les deux tiers de la somme que renferme ma ceinture.

— Vous poussez la générosité trop loin, de Vermont, et je ne puis en conscience accepter.....

— Non! monsieur de Vermont, reprit Roger, vous ne devez pas vous dépouiller des objets dont vous vous êtes muni, D'ailleurs, quel parti allez-vous prendre? Vous pourriez à la rigueur rester quelques jours ici; mais, d'un moment à l'autre; je recevrai l'ordre de rejoindre l'armée; de son côté, ma sœur retournera dans son pays où sa présence est devenue indispensable; et vous ne pourriez l'accompagner dans son voyage sans exposer votre tête.

— Tu me fais fremir, mon frère.

— Nous ne devons pas nous abuser sur le danger qui menace M. de Vermont.

— Il est certain que je suis perdu si je suis arrêté, puisque non seulement je suis porté sur la liste des émigrés, mais qu'en outre, la correspondance trouvée chez moi suffirait pour ma condamnation. Dans un tel embarras, j'aurais besoin de l'aide et des conseils d'un ami qui me porte une affection sans bornes : c'est un homme sage, prudent, grave. Je veux parler de l'abbé Ducrey qui m'a donné aujourd'hui même une preuve incontestable de dévoûment.

— Nul doute qu'avant de rien déterminer, nous ne devions nous concerter avec ce digne homme. Je suis prêt à aller le trouver; mais, pour lui inspirer plus de confiance, je désire lui remettre un mot de votre main.

De Vermont écrivit aussitôt à son ami pour l'inviter à se rendre auprès de lui. Roger prit son billet et courut chez Ducrey dont la demeure n'était qu'à quelques pas.

V.

LE PRÊTRE.

De Vermont, resté seul avec Marie, épancha son cœur dans son sein. Il oubliait en ce moment le danger de sa position pour savourer à longs traits le bonheur de la presser dans ses bras et de lui prodiguer les plus douces caresses. Il

lui reparla de son repentir d'un air si
pénétré, qu'elle en fut touchée jusqu'aux
larmes. Au milieu des marques d'affection qu'ils se donnaient réciproque-
ment, de Vermont fut aussi tendre que
respectueux.

Quant à Marie, elle se montra douce,
bienveillante, confiante et d'une sensi-
bilité exquise. Leur fille devint aussi
l'objet de leur entretien, et Marie ex-
prima son amour pour elle avec un feu
qui se communiqua au cœur de cet
homme qui avait pour jamais abjuré
ses erreurs et dont le retour à la vertu
n'était pas douteux.

Que de projets ils firent l'un et l'autre
pour le bonheur de cette Juliette, l'i-
dole de Marie, et l'espoir de son père,

fier d'avoir donné le jour à une fille douée de tant de perfections!

De Vermont éprouvait un plaisir indicible en écoutant Marie. Il était peu surpris du choix de ses expressions; il se rappelait que, dès l'âge de seize ans, elle se faisait déjà remarquer par un langage épuré; mais ce qui le flattait davantage, c'étaient la rectitude de son jugement, la pureté de ses principes et la beauté de son ame. Il ne pouvait se lasser d'admirer son esprit, ses graces, son heureux caractère, et se promettait d'avance les jouissances les plus pures dans la société de cette femme aussi intéressante que belle.

Roger rentra bientôt, amenant avec lui Ducrey dont le premier mouvement fut de se jeter dans les bras de son ami.

—O bonheur! s'écria-t-il après l'avoir embrassé plusieurs fois avec les démonstrations de la plus vive amitié... Je vous retrouve, mon cher M. de Vermont! Si vous saviez tout ce que j'ai souffert depuis tantôt! Que les heures m'ont paru longues! Mais vous êtes sauvé, et j'en rends grace au Ciel; car c'est Dieu qui vous a protégé.

—Et le brave Roger; car sans lui, sans sa sœur, j'étais perdu..... Vous ne connaissez pas l'étendue de mon bonheur, cher Ducrey. J'ai retrouvé une femme.....

— Je le sais, M. de Vermont : ce brave militaire m'a tout appris, et je vous félicite.... Mais que vois-je? ajouta

le prêtre en apercevant Marie.... ô surprise! quoi! voici la personne dont vous
fîtes le malheur !.... Que madame est
intéressante et belle!.... Ah! Monseigneur, avez-vous pu.....!

— Point de reproches, Monsieur,
reprit Marie; épargnez un homme qui
m'est cher.

— Pardon, Madame, continua Ducrey d'un air embarrassé.... mais, plus
je vous considère, plus j'ai lieu d'être
étonné....

—Il paraît, cher Ducrey, que la vue
de Marie vous fait une bien vive impression?

—Je ne m'en défends pas, M. le marquis.... je n'ai jamais vu de figure plus
heureuse, plus prévenante, plus aimable, que celle de madame, et je ne con-

nais personne au monde capable d'imposer plus de respect. Vous savez, M. de
Vermont, combien je vous suis atta-
ché.... hé bien ! sans avoir le bonheur
de connaître madame, je sacrifierais
mon repos, ma vie, s'il le fallait, pour
lui être utile. Heureux si, par mes soins,
mes démarches et mon dévoûment, je
pouvais contribuer à son bonheur et au
vôtre !

—Je connais depuis long-temps vos
nobles sentimens, bon Ducrey, et je ne
cesse de remercier la Providence de
m'avoir donné un ami tel que vous.

— Si je ne vous étais pas dévoué de
corps et d'ame, Monseigneur, je serais
le plus ingrat des hommes. Né dans
l'indigence, resté orphelin à l'âge de
dix ans, vous daignâtes me recueillir ;

vous me fîtes élever dans un collége; ce fut également par vos soins que j'entrai au séminaire, et, depuis lors, vous ne cessâtes de me protéger. J'ai maintenant trente-quatre ans; en voici plus de vingt-quatre que je suis votre obligé. Vos diverses absences dans des contrées lointaines ne vous ont pas empêché de vous occuper de mon sort. Le souvenir de tant de bontés est resté gravé dans mon cœur, et, dans tous les temps, vous me trouverez disposé à vous témoigner la reconnaissance dont je suis pénétré pour tant de bienfaits.

—Vous m'en avez donné la preuve aujourd'hui même, mon digne ami; mais, si j'ai lieu de me reposer sur votre gratitude, je compte également sur vos conseils. J'ai toujours reconnu en vous un grand fonds de sagesse et de prudence, et j'espère que, dans la circonstance où je me trouve, vous voudrez bien être mon guide.

— D'après ce que je viens d'apprendre, vous êtes dans la résolution d'épouser madame.

— C'est le plus ardent de mes vœux... Vous, qui êtes revêtu d'un ministère sacré, ne pouvez-vous pas sanctifier notre union ?

— C'est impossible. Il faudrait, avant tout, que votre mariage se fît à la municipalité; et comment cela se pourrait-il, puisque vous êtes proscrit, que vos biens viennent d'être sequestrés, et que tantôt les scellés ont été apposés dans votre hôtel? Le seul parti que vous ayez à prendre est, selon moi, de vous hâter

4*

de sortir de France. Croyez-moi, M. de Vermont, si vous persistiez à rester au milieu de vos amis, vous ne tarderiez pas à être découvert. Alors vous les entraîneriez dans votre perte. Ce brave et loyal militaire qui, malgré se' opinions républicaines, vous a recueilli avec tant de générosité, ne serait pas épargné ; le sang qu'il a versé pour son pays n'effacerait pas, aux yeux des hommes qui exercent le pouvoir, le crime irrémissible de vous avoir donné asile. Madame, qui vous inspire un si tendre attachement, serait de même traduite au tribunal révolutionnaire, et, moi-même, si mes intelligences avec vous étaient découvertes, je serais également sacrifié. Au temps où nous vivons, les murs ont des oreilles : un

mot, un geste, un simple soupçon, suf-
fisent pour trahir ceux que la loi peut
atteindre.

— Hé quoi! mon cher Ducrey, je serais condamné à m'expatrier encore?

— C'est le seul moyen de sauver
votre tête; mais, en fuyant le sol de la
patrie, vous devez rester bon Français,
c'est-à-dire ne point prendre les armes
contre votre pays.

— Fi donc! jamais je ne me rendrai
coupable d'un tel forfait.

— Je vous connais assez pour en être
certain.

— J'aurais cependant été si heureux
de donner mon nom à ma chère Marie!

— Rien ne vous en empêcherait si
vous étiez en pays étranger. Que ne

vous rendez-vous à Bruxelles? madame pourrait vous y rejoindre dans quelques jours.

— Mais comment gagner la frontière?

— Si M. Roger voulait s'y prêter, vous y parviendriez sans peine.

— J'avoue que j'ai quelque répugnance, dit Roger, à m'engager dans une affaire de ce genre; mais, comme il y va du bonheur de ma sœur et de ma nièce, si je puis être utile à M. de Vermont, qu'on dispose de moi!

— N'attendez-vous pas l'ordre de partir pour le Nord?... Hé bien! que M. le marquis passe pour votre domestique; qu'il en prenne le costume et la tournure, et je réponds que, sous ce déguisement, on ne devinera point un des plus brillans seigneurs de la cour de Louis XVI. Arrivé à l'armée, il lui sera facile de passer en Belgique.

— Ce projet me paraît facile à exécuter; mais ma sœur?

— Elle trouvera un guide dont le zèle pour M. de Vermont est depuis long-temps à l'épreuve.

— Quel est donc cet homme?

— Moi.

— Comment! vous entreprendriez ce voyage!

— Je ferai plus; je quitterai la France pour n'y revenir que quand la tranquillité y sera rétablie. Cependant des affaires particulières me retiendront encore une quinzaine de jours à Paris.

— Mon cher Ducrey, reprit de Vermont, serait-ce par amitié pour moi que vous voulez aussi vous expatrier?

— J'avoue que vous êtes pour beaucoup dans cette résolution ; mais d'autres raisons non moins puissantes m'en imposent la loi. Vous allez en juger. En ma qualité de membre du clergé de Saint-Sulpice, j'ai été un des premiers à prêter le serment civique ; j'ai aussi manifesté, dans plusieurs occasions, des sentimens pleins de patriotisme, et il n'est pas de concessions que je n'aie faites aux idées du jour... jusqu'à paraître peu touché de la fermeture des églises. Je croyais, par ma résignation et mon obéissance aux lois, être à l'abri de toute persécution. J'avais tout fait pour me rendre populaire, tout, jusqu'à assister régulièrement au club et prendre le costume, le langage et les manières des plus fougueux révolutionnaires; mais toutes ces démonstrations ne m'empêchent pas d'être continuellement en butte à la malveillance. J'ai déjà été dénoncé quatre fois au comité de ma section, et, quoique je sois parvenu jusqu'à présent à me disculper, je finirais par devenir la victime des ennemis qui s'acharnent après moi.

— Ainsi donc vous êtes décidé à partir dès que vous aurez terminé vos affaires?

— Sans doute.

— Alors, mon excellent ami, j'espère que vous tiendrez votre promesse; vous ferez le voyage avec Marie; vous serez son ange tutélaire. Vous savez que je lui laisse un écrin de prix et une forte somme en or: je n'ai pas besoin de vous recommander de veiller à sa sûreté.

— Soyez tranquille, Monseigneur; je saurai éviter jusqu'au moindre danger.

— Puisque nous devons nous rejoindre avant peu, mon cher Ducrey, je réclame un service de votre complaisance. J'ai en dépôt soixante mille francs chez le banquier Perrégaux; je me proposais, en arrivant, de me présenter chez lui pour toucher cette somme; mais le pourrais-je maintenant? Dailleurs j'ai appris hier qu'il est en ce moment à Bordeaux d'où il ne reviendra que la semaine prochaine. Je vais vous remettre un bon pour toucher ces soixante-mille francs, lorsqu'il sera de retour. Vous prélèverez les frais de votre voyage sur cette somme que vous me remettrez à Bruxelles.

VI.

Comme Ducrey se disposait à répon-
dre, on sonna à la porté. Chacun resta
interdit sans proférer une parole. Cependant Marie prit de Vermont par le bras,
le poussa dans la pièce voisine et le conduisit au fond du cabinet où elle le fit

cacher dans l'armoire. Son frère n'ouvrit la porte d'entrée que quand il la vit revenir.

Un homme d'environ cinquante ans, d'une tournure grotesque, vêtu négligemment et coiffé d'un bonnet de laine de couleur foncée, entra sans saluer et s'assit sans façon.

— Citoyen, dit-il, n'es-tu pas le chef de bataillon Roger?

— Oui, c'est moi-même.

— M'étant rendu ce matin au ministère de la guerre pour avoir des nouvelles de mon fils, lieutenant dans le 104e régiment, le chef du bureau de l'infanterie m'a appris que le citoyen Roger, nouvellement nommé chef de bataillon dans ce corps, était sur le point de le rejoindre. Je lui ai demandé ton adresse qu'il m'a donnée avec plaisir, en me disant que tu es un bon enfant et que tu me recevrais bien. C'est ce qui fait, citoyen, que je viens avec confiance te prier de me rendre un service.

— Très-volontiers. De quoi s'agit-il ?

— De te charger d'une lettre pour mon fils.

— Tu peux compter, citoyen, qu'elle lui sera remise.

— Ne va pas l'égarer, mon brave. Elle contient un bon de cinq cents francs à toucher à la caisse du payeur de l'armée..... C'est que, vois-tu ? tel que tu me vois, j'ai des correspondances partout. Depuis le commencement de la guerre, je suis dans les fournitures, et cela me met en relation avec les principaux fonctionnaires de nos armées.

— Quel genre de fournitures entre-prends-tu?

— Tout ce qui se présente. Tantôt ce sont des bottes, des souliers, des chemises, des guêtres, des capotes; tantôt ce sont des fusils des pistolets, des carabines, des sabres, des gibernes, etc. Mais j'ai commencé par ces derniers articles, et j'ose me vanter que le gouvernement a été satisfait de mon zèle; car, en moins d'un mois, je lui ai fourni de quoi armer plus de trente mille volontaires. Cela ne m'empêche pas de continuer mon commerce de ferraille.

— Quoi! tu vends de la ferraille?

— C'est-à-dire que je tiens un magasin de fers d'occasion, tels que grilles, rampes, balcons et autres objets qui concernent le bâtiment..... Tiens,

voici mon adresse : *Léonard Chapsal,
cour du Dragon*, n° 3. Fais-moi le plaisir
de déjeuner demain avec moi. Je te trai-
terai sans cérémonie; mais ce sera de
bon cœur.

— Je te remercie, honnête Chapsal :
cela m'est impossible. Je suis peut-être
à la veille de partir, et e ne pui dis-
poser d'un moment.

— Tant pis..... J'aurais tant désiré
passer quelques heures avec toi ! je t'aurais parlé de Prosper mon fils, et je suis
sûr que, d'après tous les détails que je
t'aurais donnés sur lui, tu te serais fait
une idée avantageuse de son caractère.

—Je te promets, citoyen, de le voir
en arrivant au corps, et, si c'est un
homme d'honneur, je me ferai un vrai

plaisir de me lier avec lui et de lui être utile, si l'occasion s'en présente.

— Oh! je réponds qu'il te plaira. Ce n'est pas à cause que c'est mon fils; mais on voit peu d'officiers tournés comme lui. Du reste, c'est un garcon d'esprit et fort bien élevé qui a fait toutes ses études à Mazarin. Ayant absolument voulu être peintre, en sortant de ce collége, je l'ai mis chez le célèbre David dont il est devenu un des meilleurs élèves; quand la guerre a été déclarée, malgré ses succès dans son art, il a mis ses pinceaux de-côté pour voler à la défense de la patrie. Il s'est armé et équipé à ses frais, et est parti comme simple grenadier; mais s'étant distingué dès la première cam-pagne, il est bien vite monté en grade et maintenant le voilà lieutenant.

— Ce que tu me dis de Prosper, citoyen, me donne bien envie de le connaître. J'aime les braves, surtout quand
ils joignent à la valeur une bonne éducation et une bonne conduite. Je pres-
sens que ton fils deviendra mon ami.

— Je suis content de te trouver aussi
bien disposé, et je te le recommande.....
Adieu, citoyen Roger..... Ah! avant de
me retirer, je te dois des excuses d'avoir
agi si librement avec toi...... C'est que,
vois-tu? les gens de mon pays sont
francs, sans façon, sans cérémonie.

— Tu es Auvergnat, n'est-ce pas?
cela s'entend à ton accent.

— Je suis des environs de Saint-Flour.
Je suis venu fort jeune à Paris; j'y ai
long-temps exercé le métier de chau-
dronnier ambulant; mais, avec l'aide

d'un brave et honnête homme, j'ai pu prendre un établissement plus *consé-quent*. C'était cependant un marquis de l'ancienne cour, et, quoique je déteste de tout mon cœur les ci-devants, celui-là fait exception ; je n'oublierai jamais ce que je dois à ce généreux protecteur..... Mais, que je suis bête de te parler d'une chose qui ne peut t'intéresser en rien !.... Allons, je me retire et te souhaite un bon voyage.

VII.

LE CERTIFICAT.

Dès que Chapsal fut parti, Marie vola auprès du proscrit, et le fit sortir du lieu qui le recélait.

— La visite que je viens de recevoir, lui dit Roger, n'avait rien d'alarmant; c'est un brave homme qui est venu me recommander son fils, officier dans le régiment que je vais rejoindre. Mais, telle personne qu'il se présente ici, la prudence vous commande de ne point vous montrer... Revenons maintenant à ce qui vous concerne. Vous êtes donc résolu à passer pour mon domestique?

— Il le faut bien, Monsieur, puisque c'est le plus sûr moyen de gagner la frontière.

— Et toi, Marie, tu consens à voyager avec M. Ducrey?

— Je voudrais déjà être en route. Que je serais heureuse si je pouvais suivre de près M. de Vermont! Si tu savais comme je me déplais dans ce maudit Paris! Encore si je pouvais attendre l'époque de mon départ dans une campagne isolée! Mais rester dans cette ville où il ne se passe pas de jour sans qu'il arrive quelque funeste catastrophe ; assister constamment à des scènes d'horreur, au milieu d'une population agitée ; entendre à chaque instant crier dans les rues des sentences de mort ; non, je ne puis m'habituer à un tel régime, et je n'ai pas de plus grand désir que de fuir le théâtre de tant de crimes et de désordres.

— Votre vœu sera rempli, Madame, dit Ducrey. Il me sera facile de vous trouver un asile agréable dans les environs de Paris. Là, vous pourrez du moins passer dans une tranquillité parfaite le peu de temps que vous avez à rester dans ce pays.

Cette promesse fut accueillie de Marie avec les marques d'une grande satisfaction. Partageant la confiance que

Ducrey inspirait à de Vermont, elle était entièrement disposée à se laisser guider par cet homme qui se montrait si dévoué à ses intérêts, et dont la recon_ naissance envers celui auquel il avait tant d'obligations ne lui paraissait pas suspecte.

De Vermont fit, sans perdre de temps, toutes les dispositions dont il avait parlé. Il insista pour que Marie acceptât les objets qu'il lui avait destinés : il remit en outre à Ducrey le bon à toucher chez le banquier Perrégaux, et convint avec eux du lieu où il les attendrait à Bruxelles.

— Je pense, ajouta Ducrey, qu'il serait prudent que M. de Vermont changeât de costume dès ce soir. Quoique sa mise n'ait rien de recherché, il ne pourrait cependant, avec les habits qu'il porte, passer pour le valet de Roger. Je vais sortir afin de lui procurer des vêtemens plus conformes à la circonstance. Nous sommes à peu près de la même corpulence : je ne les achèterai qu'après les avoir essayés, et je n'aurai sans doute pas de peine à trouver les objets qui conviennent à M. le marquis.

Ducrey sortit et ne tarda pas à revenir avec ce qui était nécessaire pour mettre de Vermont à l'abri de toute espèce de soupçon. Celui-ci entendant sonner, tandis qu'il changeait d'habits, passa précipitamment dans le cabinet, et, quand les portes furent refermées sur lui, Roger alla ouvrir. C'était le portier de la maison, qui, après lui avoir remis une lettre, se retira.

Cette lettre, qui lui était adressée des bureaux de la guerre, contenait l'ordre de son départ pour le lendemain. Il devait rejoindre son corps à Lille. L'officieux Ducrey se chargea d'aller retenir deux places à la diligence, l'une dans l'intérieur pour Roger, et l'autre sur l'impérial pour de Vermont. Il se fit long-temps attendre, et déjà son absence commençait à donner de l'inquiétude, quand il rentra d'un air joyeux.

— Dieu soit loué! s'écria-t-il en présentant à de Vermont un papier revêtu d'un large cachet. Tenez, lisez ceci!

— Que signifie.....?

— Lisez, vous dis-je.

De Vermont lut ce qui suit:

« Je, soussigné, certifie que le citoyen

« Jean-Louis Dubois, âgé de 48 ans et

« natif de Lille, département du Nord,

« a été pendant un an à mon service; que

« je n'ai qu'à me louer de sa probité et

« de sa bonne conduite, et qu'il n'est

« sorti de chez moi que pour retourner

« dans son pays où des affaires de famille

« exigent sa présence.

« Fait à Paris le 10 octobre 1793.

« Ducrey. »

—Hé bien! mon cher ami, continua de Vermont, qu'est-ce que cela veut dire?

— Vous n'avez pas tout lu, Monseigneur... Continuez ce qui suit... Après, je vous expliquerai quelle est mon intention.

— Voyons.... achevons.

« Nous, soussignés, membres du co-
« mité révolutionnaire de la section du
« Luxembourg, attestons que le citoyen
« Dubois n'a cessé, pendant son séjour
« à Paris, de donner des preuves de ci-
« visme ; en foi de quoi nous lui avons
« délivré le présent certificat, pour lui
« valoir ce que de raison, et pour qu'il
« soit protégé par les autorités consti-
« tuées pendant le voyage qu'il se pro-
« pose de faire à Lille.

« Brutus Gaulard. Aristide Dubus.
« Spartacus Fouinet. Torquatus Ledru.
« Mutius-Scœvola Rapin, etc. »

— Vous paraissez bien étonné,
M. le marquis !.... Vous ne comprenez
donc pas mon but ?

— Non, je vous jure.

— Comment! ne voyez-vous pas que ce certificat doit vous servir, et qu'en prenant le nom de Dubois pendant la route, vous ne risquerez pas d'être inquiété?

— Quelle heureuse idée!... Mais comment vous êtes-vous procuré ce certificat?

— C'est celui d'un jeune homme qui était encore à mon service, il y a un mois. Il s'en était effectivement muni dans l'intention de se rendre dans son pays; mais, au moment de son départ, il s'engagea dans un régiment de hussards, qui se rendait à Lille. Alors, ce certificat lui devenant inutile, il le laissa chez moi. Je viens de le falsifier; mais cela m'a été bien facile : j'ai mis

5*

simplement 48 ans au lieu de 18, qui est l'âge de Dubois, et octobre pour septembre, date du certificat. Vous voyez que la substitution que j'ai faite ne consiste que dans deux chiffres.

Chacun applaudit à l'adresse et à la prévoyance de Ducrey. Il remit au x deux voyageurs le bulletin de leurs places, et leur recommanda de se rendre avant le lever de l'aurore à la diligence.

— Si vous attendiez le jour, ajouta-t-il, les gens de ce quartier pourraient, malgré son déguisement, reconnaître M. de Vermont. Croyez-moi, mes amis, ne nous séparons point d'ici à demain, et que cette nuit soit consacrée aux doux épanchemens de l'amitié.

— Je suis de cet avis, reprit Roger : je n'ai que quelques heures à passer avec ma sœur, et je veux en profiter : on a tant de choses à se dire, quand on sait qu'on sera long-temps sans se revoir ! Allons, mettons-nous à table. J'ai été tellement tourmenté tantôt, qu'à peine ai-je dîné ! Je me sens appétit, et je pense que vous êtes dans le même cas.

Marie s'empressa de servir le souper. On resta à table pendant une grande partie de la nuit, et la conversation fut si variée, que le temps se passa rapidement.

Roger fit le récit des grands événemens auxquels il avait pris une part si active en 1789; et des nombreux combats où il s'était trouvé depuis le commencement de la guerre.

De Vermont raconta une foule

d'anecdotes curieuses de la cour de Louis XVI et quelques aventures intéressantes qui lui étaient arrivées dans les pays étrangers pendant les diverses missions dont il avait été chargé.

Ducrey se plut d'abord à rappeler tout ce qu'il devait à la générosité du marquis, et entra ensuite dans quelques détails sur les persécutions dirigées contre les prêtres, sur les dangers qu'il avait courus personnellement et sur les moyens qu'il avait employés pour éviter le sort de la plupart de ceux qui exerçaient cette profession.

Quant à Marie, elle ne parla que de sa fille, et ne tarit pas sur son éloge. Le cœur de de Vermont tressaillait de joie en entendant cette excellente mère citer mille traits qui attestaient les rares qualités de Juliette. Les accens de cette voix enchanteresse produisaient une si vive impression sur l'ame du vieillard, que des larmes d'attendrissement s'échappaient de ses paupières. Il jouissait en ce moment d'un bonheur dont jusqu'alors il avait ignoré tout le prix. Aussi était-il avide de contempler cette femme intéressante qui se montrait à ses yeux avec tant d'avantages, et dont les vertus sublimes lui inspiraient des sentimens si respectueux ? Il n'avait de sa vie éprouvé un charme aussi puissant, et frémissait à la seule idée de s'éloigner bientôt d'elle ; mais elle cherchait par ses discours à le consoler d'une séparation qui, disait-elle, ne pouvait durer long-temps. Uniquement occupés l'un de l'autre, ils s'éloignèrent

de la table sans s'en apercevoir, ces-
sèrent de prendre part à l'entretien de
Ducrey et de Roger, et s'abandonnèrent
au plaisir de converser ensemble. Que
de choses ils se dirent! Que de projets
ils se communiquèrent! Combien l'avenir leur paraissait beau!

Ce fut au milieu de cette douce
ivresse que les surprit l'heure fixée pour
le départ. Que de larmes ils répan-
dirent au moment de se séparer! Mais
le sort l'exigeait, et, après les plus tendres adieux, ils s'arrachèrent enfin des
bras l'un de l'autre.

Marie inconsolable resta seule pendant près d'une heure. Ducrey la re-
trouva les yeux noyés de larmes et en
proie à la plus grande anxiété.

— Consolez-vous, Madame, lui

dit-il d'une voix émue; M. de Vermont
est sauvé. Je ne l'ai quitté que quand
j'ai vu partir la diligence. Soyez désormais sans inquiétude sur son sort.

— O mon Dieu! je te remercie.
Daigne protéger le père de mon enfant!

— Le Ciel vous exaucera, Madame,
et j'espère vous conduire bientôt dans
les bras d'un époux..... Mais vous avez
besoin de repos; je vous laisse pour
m'occuper de vous. Vous avez témoigné
de la répugnance à rester à Paris; le
moindre de vos désirs est une loi pour
moi. Je vais aujourd'hui même chercher l'asile qui convient à vos goûts.

— Vous êtes trop bon, Monsieur:
je ne veux pas abuser de votre complaisance.

— Trop heureux, Madame, de pouvoir vous être utile ! Songez que je vous suis dévoué à la vie !..... à la mort !

Après avoir prononcé ces dernières paroles avec feu, il se retira.

VIII.

Ducrey, en traversant la rue pour
rentrer chez lui, rencontra un homme
qui criait à tue-tête : « *Voilà le journal*
« *du fameux père Duchène ! Il est bou-*
« *grement en colère aujourd'hui, le père*
« *Duchène ! Achetez-moi le journal.* Il

lui fit signe d'approcher, et acheta le numéro du jour. Comme il en payait le prix, le crieur le regarda et se prit à rire.

— Hé! hé! hé! dit-il, voici mon ancien confesseur!..... Diable, citoyen, comme tu es requinqué avec cet habit de drap de soie rayée!... Sans ces larges boutons dont les verres bombés contiennent des objets d'histoire naturelle, on te prendrait pour un zèbre. N'importe! mon homme; j'aime mieux te voir costumé de la sorte qu'avec ta sacrée soutane. Autrefois, ont t'aurait pris pour un corbeau; maintenant, avec ton chapeau à la crâne, tu as l'air d'un luron.

— Tu sais, citoyen, que les circonstances ont forcé les gens de ma profession à prendre un parti.

— Je te félicite de celui auquel tu t'es décidé. J'ai pensé à toi quelquefois, et je me disais : Ce pauvre abbé Ducrey, qu'est-il devenu? il aura été massacré dans quelque prison, ou déporté, comme tant d'autres prêtres, hors du territoire de la république. Mais heureusement je te vois gros, gras et bien portant; cela prouve que tu t'es façonné au régime actuel. Oh! il faut être juste : tous les ci-devant calotins ne sont pas des aristocrates; j'en connais même plusieurs qui sont bons jacobins.

—Tu peux croire, mon ami, que je suis du nombre.

— Tant mieux, morbleu. Vivent les sans-culottes!

—Vive la république!

—Bien, citoyen!.... Je vois, à ta manière de t'exprimer, que ce cri part du cœur.

—Je t'en réponds, mon brave.... mais, dis-moi donc? j'ai presque oublié ton nom.... tu te nommes....

—Lefort.

—Oui, oui, c'est cela.... J'ai cependant de fortes raisons de me souvenir de toi.

—Je sais ce que tu veux dire.

—Ne crains rien, mon ami ; mon devoir me défend....

—C'est bon, c'est bon. Tais-toi !

—Sois tranquille ; je suis discret.... A propos, je suis étrangement surpris de te voir réduit à vendre des journaux : il me semblait que tu avais un bon état.

— Certainement, puisque j'étais bijoutier, et même un des meilleurs ouvriers de Paris. Je gagnais jusqu'à trois livres dix sous par jour, et, quand je le voulais, je ne manquais jamais d'ouvrage. Mais, du moment que tous les citoyens ont fait des dons patriotiques pour concourir aux frais de la guerre, tous les bijoux ont été portés à la Monnaie, et mon état s'est trouvé perdu.

—Il me souvient qu'en 89, tu fis un héritage.... Ta tante te laissa en mourant....

—Qu'as-tu besoin de me parler de cette femme?.... Hé bien ! oui.... j'avais hérité d'une petite maison et de quelques pièces de terre, situées à deux petites lieues d'ici, auprès de Chatillon; mais que veux-tu, citoyen ? ce maudit *biribi* m'a réduit à la paille.

—Tu es donc joueur ?

— Je l'étais; mais j'ai reçu de si fortes leçons, que je m'en crois corrigé pour toujours. D'ailleurs je n'ai plus le sou : j'ai vendu mon héritage pièce à pièce, et il ne me reste plus qu'une méchante bicoque dont je cherche en vain à me défaire.... Je ne peux même pas la louer.

— Pourquoi cela?

— Parce qu'elle est isolée dans la plaine au milieu de plusieurs carrières.

— Il est possible que je fasse ton affaire, mon cher Lefort. Si tu veux monter chez moi, tu me donneras quelques explications dont j'ai besoin avant d'entrer en arrangement.... As-tu déjeuné?

— Pas encore.

— Hé bien, tu mangeras un morceau, et nous causerons. Viens, suis-moi : je demeure près d'ici.

La portière de Ducrey lui ayant servi tout ce qu'il fallait pour traiter convenablement Lefort, il la renvoya et se mit à table avec son convive.

—Ah çà! lui dit-il au milieu du repas, tu disais donc que ta propriété est entièrement isolée?

—Elle est malheureusement à plus d'une portée de fusil de Chatillon.

—En quoi consiste-t-elle?

— Le rez-de-chaussée est composé d'un petit salon, d'une salle à manger, et d'une cuisine avec un caveau. A l'étage supérieur sont deux chambres séparées par le palier de l'escalier, et, sous le comble, est le grenier. Cette maison a en outre pour dépendances un petit jardin très-négligé depuis long-temps.

—Est-elle meublée?

—Elle l'était autrefois parfaitement; mais je me suis vu forcé de vendre petit à petit une grande partie du mobilier. Il n'y reste plus maintenant que quelques objets en assez mauvais état et un méchant grabat où je couche quand je vais dans le pays.

—D'après ce que tu viens de me dire, mon cher Lefort, je vois que ta maison peut fort bien convenir à une jeune dame de ma connaissance : c'est une femme de province, qui, dégoûtée du séjour de Paris, veut passer à la campagne et dans une profonde retraite le peu de temps qu'elle a encore à rester dans ce pays.

—Et cette dame, tu t'y intéresses, à ce qu'il paraît?

—Particulièrement.

—Ah ! j'entends , j'entends.... Que je serais heureux si je pouvais tirer quelque parti de ma maudite maison ! Mais cela n'est guère possible ; il y manque jusqu'aux objets de première nécessité.

—Que cela ne t'inquiète nullement ! je pourvoirai à tout , et, si tu veux seconder certain projet que je me propose de t'expliquer, dès aujourd'hui je ferai transporter dans ta maison non seulement un mobilier complet, mais encore du linge, des ustensiles de ménage et tout ce dont on a besoin quand on veut vivre loin du fracas de la ville.... Je te dirai plus, mon cher Lefort ; c'est que , si tu consens à m'aider dans mon entreprise, et qu'elle obtienne le succès que j'espère, je te récompenserai généreusement, et même, quand la dame en question quittera ta maison, tout ce qu'on y aura apporté deviendra ta propriété.

— Mais, citoyen, c'est un marché d'or que tu me proposes-là! Dans l'état misérable auquel je suis réduit, il faudrait que je fusse fou de ne point l'accepter. Je vois bien, mon gaillard, où tu veux en venir avec la particulière. Oh! je ne vois pas de mal à cela : mais, dites-moi, M. l'abbé, la belle vous aime-t-elle?

—Que t'importe! ce qui est l'essentiel pour toi, n'est-ce pas? c'est de gagner de l'argent.

— Je t'en réponds : je ne sais ce que je ne ferais pas pour ne plus colporter de journaux. Fi! quel chien de métier!

— Hé bien! renonces-y dès ce moment, et allons, de ce pas, chez un marchand de meubles pour y faire emplette de quoi garnir ta maison.

— Je ne sais en vérité si je dors ou si je veille: plus je t'entends, plus je suis étonné. Quoi! te voilà décidé avant même d'avoir pris connaissance des localités!

— Ce que tu m'as dit me suffit.... Viens, te dis-je ? Nous n'avons pas un moment à perdre. Il faut que dès demain cette dame puisse s'installer dans sa nouvelle demeure. Quant à moi, j'occuperai une des chambres du premier.

— J'entends... tu logeras à côté de la belle.

— Je compte que, pendant le temps que nous séjournerons chez toi, tu te consacreras entièrement à notre service.

— J'y consens, et, pour te prouver combien je te suis dévoué, j'affecterai en présence de cette dame un grand respect pour toi.

— Je me proposais de te le recommander....., Je vois avec plaisir que tu as de l'intelligence. Allons, sortons.

Ils allèrent chez un marchand tapissier qui leur vendit un mobilier complet. Ducrey, en faisant cette acquisition, consulta Lefort sur ce qui pouvait convenir aux dispositions de sa maison, et, en moins de deux heures, trois énormes voitures, chargées de meubles et d'autres objets, furent dirigées sur Chatillon.

Ducrey, pendant la route qu'il fit à pied avec Lefort, le mit au courant de ce qui concernait Marie , sans toutefois lui faire connaître le projet qu'il méditait. Il se contenta de lui faire des demiconfidences qui lui donnèrent lieu de penser que, pour un prêtre, il avait le cœur bien dépravé ; mais, loin de blâmer les intentions qu'il lui soupçonnait, il en riait sous cape et se promettait intérieurement de tirer parti de la circonstance, en se rendant officieux auprès d'un homme qui pouvait récompenser généreusement ses services.

Lorsqu'ils arrivèrent à la maison de Lefort, plusieurs heures furent employées à la garnir de meubles, à poser les tentures et les rideaux, et à tout préparer pour recevoir Marie ; mais Ducrey, impatient de la revoir, n'attendit pas que les tapissiers eussent terminé leur besogne, pour retourner à Paris. Il quitta Lefort en lui recommandant de faire toutes les dispositions convenables et en lui promettant de lui amener Marie dès le lendemain.

IX.

Quoique Marie eût passé toute la nuit sans prendre un instant de repos, l'idée d'être séparée de son frère et de de Vermont la tourmenta tellement pendant toute la journée, qu'elle ne cessa d'être plongée dans l'affliction et la douleur.

D'un côté, elle ne pouvait penser sans frémir aux nouveaux périls que Roger allait affronter, et, quand elle songeait aux motifs qui forçaient de Vermont à s'expatrier encore, elle voyait devant ses yeux une perspective si affligeante, un avenir si incertain, qu'elle était saisie d'épouvante.

Ce fut dans cette disposition d'esprit que Ducrey la trouva en revenant de Chatillon.

— Que vos traits sont altérés! lui dit-il en la regardant avec intérêt; comme vous êtes pâle, Madame! Je le vois, vous avez pleuré! Vous vous serez tourmentée, au lieu de vous livrer au repos dont vous avez besoin. Permettez-moi de vous gronder : vous n'êtes pas raisonnable de vous abandonner ainsi à votre douleur. Vos regrets sont fondés, j'en conviens ; mais ils auront un terme, et le bonheur vous attend.

— Le bonheur!... Puissiez-vous dire vrai! Mais je ne serai heureuse que lorsque je pourrai presser sur mon cœur mon époux et ma fille... et quand même ces vœux se réaliseraient un jour, ma félicité serait-elle complète? Hélas! non: l'idée des dangers auxquels mon frère est sans cesse exposé empoisonnerait encore mon existence.

Des cris confus, qui se firent entendre en ce moment à l'extrémité de la rue, firent tressaillir d'effroi la timide Marie.

— Ciel! s'écria-t-elle, l'alarme est dans le quartier!

— Rassurez-vous, Madame, répondit Ducrey après avoir regardé par la fenêtre : ce sont sans doute des vendeurs de journaux qui crient la séance d'aujourd'hui; elle a dû être orageuse; car, depuis quelques jours, la Convention est extrêmement agitée... Mais je me trompe... Il s'agit d'un arrêt !... Écoutez.

Ils prêtèrent une oreille attentive et entendirent distinctement ce qui suit

« *Arrêt du tribunal révolutionnaire* « *qui juge et condamne trente-six con-* « *spirateurs à la peine de mort !* »

Cette sentence, répétée à la fois par plusieurs colporteurs, glaça Marie d'une telle épouvante, qu'elle se sentit défaillir et tomba dans un fauteuil. Elle allait perdre l'usage de ses sens; mais Ducrey lui ayant fait respirer des sels, elle ne tarda pas à se remettre. Néanmoins le sort des malheureux qui venaient d'être condamnés ne cessait d'occuper son esprit.

— L'ai-je bien entendu ? dit-elle.... Trente-six victimes vont être traînées à l'échafaud !... et chaque jour ces jugemens sanguinaires se renouvellent !... Grand Dieu ! quel séjour que ce Paris ! que je voudrais en être loin !... Encore si je pouvais ignorer tant d'horreurs !... mais...

— Vos terreurs vont cesser, Madame, et dès demain vous n'entendrez plus ces cris déchirans qui jettent le trouble dans votre ame : les vociférations d'une populace effrénée ne vous causeront plus ces frayeurs mortelles qui finiraient par altérer votre santé. Vous n'assiste-

rez plus à ces émeutes qui se manifes-
tent si souvent et avec tant de violence
parmi les habitans de cette immense
cité. Je viens de louer pour vous, à
deux lieues d'ici, une maison où vous
pourrez passer tranquillement le peu
de temps que vous aurez à rester dans
ce pays. Elle est située dans un endroit
solitaire; mais elle est commode, agréable et bien meublée. Quoiqu'elle soit
fort petite, j'y ai réservé une chambre pour moi. Le propriétaire de cette
habitation loge au rez-de-chaussée : c'est
un honnête homme que je connais depuis long-temps et qui nous sera très-
utile; il se propose de pourvoir à tous
nos besoins. Ainsi, Madame, préparez-
vous à quitter cet hôtel. Demain, à dix
heures précises, je viendrai vous pren-

dre en voiture pour vous conduire dans votre nouvelle demeure.

— Que je vous sais gré de l'empressement que vous venez de mettre à faire une chose qui m'est si agréable ! Je vais donc enfin jouir d'un peu de tranquillité... Je ne puis assez vous remercier de votre obligeance, Monsieur, et vous pouvez compter que demain vous me trouverez prête à partir quand vous arriverez.

Ducrey s'étant retiré, elle fit les apprêts de son départ.

X.

LA MAISON ISOLÉE.

Le lendemain, Ducrey vint chercher Marie à l'heure indiquée. Sa malle, où elle avait déposé l'or et l'écrin que de Vermont lui avait remis, fut placée dans l'intérieur de la voiture où elle monta avec Ducrey. Ils arrivèrent à

Chatillon avant midi, et bientôt Marie fut installée dans le logement qui lui était destiné. Enchantée de sa nouvelle demeure, elle en témoigna sa satisfaction.

— Je suis pénétrée de reconnaissance, dit-elle à Ducrey, de toutes les peines que vous vous êtes données pour moi. Je suis cependant fâchée de l'embarras que je vous cause.

— Croyez, Madame, que je me trouve heureux d'avoir l'occasion de vous être agréable... Je souhaite que vous vous plaisiez ici.

— Il faudrait que je fusse bien difficile pour ne pas être contente de la situation de cette maison. Ici du moins je n'éprouverai plus les désagrémens dont j'avais journellement à me plaindre à Paris. D'ailleurs cette habitation est bien distribuée; elle est en outre située en bon air, et le jardin qui en dépend est fort joli, quoiqu'un peu négligé.

— L'honnête Lefort, à qui elle appartient, et dont en arrivant vous avez agréé les services, préviendra tous vos besoins, Madame; et, comme je me propose de venir passer toutes mes soirées auprès de vous, j'aurai soin, de mon côté, de vous procurer tout ce qui pourra charmer votre solitude. Je vous apporterai des livres.

— Je suis vraiment confuse de toutes vos bontés, Monsieur, et je vois avec un grand plaisir combien vous justifiez l'amitié que M. de Vermont vous porte.

Elle continua à exalter les procédés de Ducrey qui se garda bien de proférer un seul mot qui pût faire soupçonner ses intentions. Il crut devoir attendre encore quelques jours avant de montrer aux yeux de cette femme abusée ce qu'il était au fond, c'est-à-dire, avant de la convaincre que de Vermont avait placé sa confiance dans le plus fourbe des hommes.

Ducrey resta à dîner avec Marie. Comme la table avait été servie avec recherche et que le repas était composé de mets délicats, il lui fit quelques observations à cet égard.

— Que pensez-vous de notre hôte, Madame? lui dit-il.

— Il me paraît un fort galant homme.

— Et un homme précieux, car il

nous traite à merveille : ce dîner est parfait.

— Habituée à une table frugale, j'aurais peine à changer de régime. Je vous prie donc de recommander expressément à ce brave homme de nous traiter avec moins de façon : cela lui évitera de grands embarras.

— Cela ne peut le gêner en rien, Madame, puisqu'il y a à Chatillon un bon traiteur qui lui apporte tout ce dont il a besoin.

Lefort fit le service avec le plus grand zèle et fut surtout aux petits soins avec Marie. Elle fut si sensible aux égards et aux prévenances qu'on avait pour elle dans cette maison, qu'elle en témoigna une grande satisfaction. Après le dîner, elle alla se promener avec

Ducrey dans le jardin où ils restèrent jusqu'à la nuit. Vers les huit heures, elle se retira dans sa chambre où elle se renferma. Ducrey se rendit auprès de Lefort qu'il trouva occupé à fumer une pipe. Il voulut d'abord lui adresser la parole ; mais il en fut empêché par une toux violente.

— Il paraît, mon cher maître, lui dit Lefort, que la fumée de la pipe vous incommode ?

— Elle m'étouffe, j'en conviens, et cette chambre en est pleine.

— Hé bien, sortons.

— Oui, passons dans le jardin ; j'ai bien de s choses à te dire.

— Je me doute de ce dont il s'agit... Allez, je suis à vous.

Lefort déposa sa pipe sur une table,

et suivit Ducrey sous une allée de til-
leuls.

— Hé bien ! Lefort, lui dit-il, nous
voilà seuls , et nous pouvons causer un
moment à notre aise..... Que dis-tu de
Marie ?

— C'est selon moi une des plus belles
personnes qu'on puisse voir.

— C'est une chose incontestable.

— Parmi toutes les belles femmes
qui , jusqu'à ce jour, ont représenté la
Liberté dans nos fêtes publiques, il n'y
en a pas une qui puisse lui être com-
parée.

— C'est vrai..... Et que penses-tu de
la confiance aveugle qu'elle m'accorde ?

— J'imagine, M. l'abbé, qu'elle ne
tardera pas à s'apercevoir qu'elle est

complètement dupe du plus franc hypocrite de la terre.

— Hé! hé! mons Lefort, ménage un peu tes expressions.

— Ce que j'en dis n'est pas pour vous offenser... On ne se fait pas soi-même ; chacun a son caractère.

— Il est de ces choses qui peuvent être vraies, mais qu'on n'aime pas entendre..... Si, par exemple, je m'avisais de te rappeler cette fameuse révélation que tu me fis, dans le temps, au tribunal de la pénitence.

— N'achevez pas!..... Je ne veux pas que vous me parliez de cette affaire. C'est cependant une puérilité de ma part ; car vous êtes le seul au monde qui sachiez.....

—Hé bien! c'est ce qui doit te rassurer.

— Chaque fois que je pense maintenant à cette confession, je trouve que
j'étais d'une grande simplicité..... Mais
j'avais à cette époque une concience si
timorée, j'étais tellement imbu de sots
préjugés que je craignais d'être damné.
Je voyais sans cesse l'enfer sous mes
pas, et vous avez pu juger de mes remords par mes transes et mes terreurs.

— Tu es donc aguerri maintenant?

— Depuis que j'ai vu une foule de
calotins monter en chaire pour renier
Dieu, cela m'a cuirassé l'ame.

— N'est-ce pas dans cette maison
que ta tante.....?

— Oui, oui, dans la même chambre
qu'occupe actuellement Marie..... Mais

briso ns là-dessus..... Vous vouliez, je crois, me parler de toute autre chose.

— C'est vrai..... Je voulais t'entretenir de Marie, de cette femme qui m'inspire une passion violente, que je veux posséder à tout prix, et que j'ai résolu de ravir à celui qui a reçu sa foi.

— Quel est donc ce fortuné mortel?

— Un ci-devant noble, un émigré, un homme à qui j'ai des obligations, mais que je déteste, puisqu'il est mon rival.

— Et connaît-il votre amour pour la belle?

— Non; il est au contraire d'une grande sécurité sur mes intentions.

—Hé bien! mons Ducrey, avais-je tort quand, tout-à-l'heure, je vous traitais d'hypocrite?

—Si Marie eût pu concevoir le moindre soupçon, elle ne se fût jamais décidée à venir dans cette maison. J'espère qu'elle n'en sortira que pour m'appartenir.

— Comment l'entendez-vous, M. Ducrey? D'abord est-elle fille ou femme?

— Elle est demoiselle.

— Et vous prétendez.....

— L'épouser.

— Mais vous êtes dans les ordres!

— J'abjure une profession que j'abhorre.

— Vous faites, ma foi, bien... Fi de la prêtraille!... Cependant si Marie en aime un autre?

— Il faut qu'elle y renonce de gré ou de force : n'est-elle pas notre prisonnière?

— Me destineriez-vous le rôle de geolier?

— Ne m'es-tu pas dévoué?

— Oui, si vous me payez bien.

— Je te donnerai de l'or.

— Beaucoup?....

— Tu seras content.

— En ce cas, je vous servirai.

— Avant tout, je me propos de mettre en usage des moyens de séduction : prévenances, égards, promesses, sermens, j'emploierai tout pour me la rendre favorable, et peut-être parviendrai-je à lui plaire. D'ailleurs cet homme à qui elle se croit liée par devoir est un émigré qui frise la soixantaine.

— Quoi! une jeune et belle femme

I.   7

comme elle aurait du penchant pour un sexagénaire!... Cela est étonnant !

— Il entre peut-être quelque calcul dans une telle affection..... Écoute , Lefort; je vais te raconter ce que je sais des aventures de cette intéressante personne.

Ducrey, dans son récit, se garda bien de parler de l'écrin que Marie possédait. Il eût craint de tenter la cupidité d'un homme tel que Lefort. Le jugeant capable de commettre un nouveau crime pour s'enrichir, il eut la prudence d'omettre cette circonstance. Il termina par faire un éloge pompeux des vertus de Marie et par critiquer amèrement la conduite de celui qui l'avait abusée.

— Vous voulez donc épouser une fille-mère ? lui dit Lefort.

— Que m'importe après tout, si cette femme peut faire mon bonheur ?

— Je le souhaite; mais si vous n'êtes pas de son goût, je prévois qu'elle vous donnera du fil à retordre.

— Hé bien ! nous verrons.

—En attendant, croyez-moi, allons nous reposer. J'ai beaucoup travaillé ce matin pour mettre la maison en état de vous recevoir, et depuis votre arrivée je n'ai cessé d'être sur pied : je suis sur les dents.

— Rentrons donc, mon ami ; aussi bien il se fait tard, et le froid se fait vivement sentir.

XI.

Le lendemain, quand Ducrey se présenta chez Marie, il la trouva occupée à écrire.

— Pardon, Madame, lui dit-il en faisant un pas en arrière ; je me retire.

Continuez, je vous prie, je ne veux pas vous déranger.

— J'ai fini : restez, M. Ducrey, restez. C'est une lettre que je viens d'écrire à ma fille.

— A votre fille!.... y faites-vous mention de son père?

— Sans doute; je lui donne non seulement tous les détails relatifs à notre rencontre, mais encore je lui fais part de nos projets et même de son départ pour Bruxelles.

— Qu'avez-vous fait, Madame! Grand Dieu, quelle inprudence! Vous voulez donc nous perdre tous?

— Vous me faites frémir!

— Sachez que, depuis que la patrie est en danger, toutes les lettres sont décachetées à la poste. Ce que la vôtre renferme causerait infailliblement votre perte, celle de votre frère, la mienne, et peut-être celle de votre fille.

— Ciel! que me dites-vous? qui! moi, causer tant de malheurs!.... Que ne vous dois-je pas, Monsieur, pour avoir prévenu un danger si funeste!... Mais hâtons-nous d'anéantir cette lettre et que désormais vous soyez mon guide dans toutes mes actions!

— La voilà déchirée!.... c'est bien, Jettez en maintenant les morceaux dans la cheminée, pour qu'il n'en reste aucune trace. Nous sommes dans un temps, voyez-vous, où l'on ne saurait être trop prudent.... Quant à votre fille, croyez-moi, ne lui écrivez pas avant votre arrivée à Bruxelles; encore vous faudra-t-il prendre les plus grandes précautions pour ne point la compromettre.

XII.

Ducrey passa une partie de la matinée avec Marie sans lui dire une parole
équivoque. Sa conversation fut circon-
specte, et son maintien plein de respect.
Ses regards perçans avaient cependant
une expression extraordinaire que Marie

remarqua pour la première fois. Elle conçut quelques doutes sur sa franchise; mais elle se hâta de bannir cette pensée comme une mauvaise inspiration.

Il se rendit dans la journée à Paris où ses affaires personnelles exigeaient sa présence, et ne revint que vers les dix heures du soir. Il apportait à Marie les livres qu'il lui avait promis et qu'il aurait voulu lui remettre sur-le-champ; mais, comme elle venait de se coucher, il ne la revit que le jour suivant.

Il resta auprès d'elle plusieurs heures pendant lesquelles il fit jouer tous ses ressorts pour la préparer au changement de conduite et de langage qu'il se proposait de tenir incessamment avec elle. Comme il affectait de temps en temps

7*

un air triste, préoccupé, et qu'il poussait même des soupirs entrecoupés,
elle lui demanda s'il avait quelques
motifs personnels de chagrin.

— Il est vrai, Madame, lui répondit-
il, que j'ai de si grands sujets d'inquiétude, que je voudrais être déjà hors du
territoire français..... Les misérables!
comme ils se plaisent à me tourmenter!

— De qui parlez-vous donc?

— Des membres du comité révolutionnaire de ma section, qui m'ont fait
paraître hier devant eux. Après avoir
scruté ma conduite politique et m'a-
voir accablé de questions auxquelles je
croyais avoir répondu victorieusement,
ces infâmes m'ont imposé une tâche qui
répugne à mes principes. Ils exigent
non seulement que j'abjure publique-

ment le culte catholique, mais encore que je me marie. Il faut, m'ont-ils dit, que je me hâte de remplir ces deux conditions, si je veux éviter le sort réservé aux suspects, c'est-à-dire la prison ou la mort.

— Qu'on est malheureux de subir la loi de pareilles gens ! Pourvu toutefois qu'ils vous laissent tranquille jusqu'au jour où vous pourrez vous soustraire à leur tyrannie ! Mais, dans ce temps de terreur, peut-on compter sur quelque chose !

— Que ces monstres n'espèrent pas me forcer à renier ma religion ! Non, jamais je ne me dégraderai à ce point. La seule concession que je pourrais faire, ce serait de contracter un hymen assorti. Dans la primitive église, les

prêtres se mariaient, et, puisque la république s'est affranchie pour jamais
du joug des papes, je ne vois pas pourquoi les gens d'église ne se rattache-
raient pas davantage à la société par
des liens de famille. Mais, me prescrire
de prendre, en moins de quelques
jours, une femme quelconque, n'est-ce
pas un acte de folie? Il n'y a que des
hommes en délire qui puissent imposer
une telle obligation.

— Hé quoi! M. Ducrey, malgré les
vœux que vous avez faits, vous ne crain-
driez pas de braver les censures de l'É-
glise en prenant une épouse?

— Je croirais au contraire plaire au
Ciel en suivant les lois de la nature.
Pourquoi le prêtre serait-il exclu du rang
de citoyen? Pourquoi ne deviendrait-il

pas bon époux et bon père? Dieu ne l'a-
t-il pas doué des mêmes facultés que les
autres mortels? son cœur n'est-il pas
susceptible de recevoir les mêmes im-
pressions que tous? Oui, Madame, j'ap-
prouve le mariage des ecclésiastiques,
et je soutiens même que c'est le seul
moyen de rendre leurs mœurs irré-
prochables.

— D'après de semblables principes,
Monsieur, il serait possible que vous
ne restassiez point dans le célibat?

— Pour me déterminer à changer de
condition, Madame, il faudrait que je
rencontrasse une personne telle que
vous. Mais où trouver une seconde Marie?
Faut-il, hélas! que la seule femme au
monde capable de m'inspirer une véri-

table passion soit destinée à faire le bonheur d'un autre !

— Votre langage m'étonne !

— Vous seriez plus surprise encore, chère Marie, si vous pouviez lire au fond de mon cœur.

— Cessez, Monsieur, un discours qui me confond.

—Pardon, Madame; mais je ne fais que rendre hommage à la vertu, à la beauté ! S'il m'est échappé quelques paroles indiscrètes, je vous prie d'en agréer mes excuses. Je ne suis pas au dessus des faiblesses humaines. Oui, j'avoue que je ne me lasse point d'admirer les charmes dont la nature vous a pourvue; mais la haute estime que vous m'inspirez, et surtout le souvenir des bienfaits dont M. de Vermont m'a comblé, m'imposent des devoirs dont je ne m'écarterai plus.

Marie ne répliqua rien aux excuses de Ducrey; mais elle prit avec lui un air soucieux qui le déconcerta. Il voyait avec peine le mauvais effet des paroles qu'il venait de hasarder; mais, comme il voulait brusquer les choses, il se retira pour méditer un projet dont l'idée venait de se présenter à son imagination.

FIN DU PREMIER VOLUME.

TABLE DES MATIÈRES

DU PREMIER VOLUME.

FIN DE LA TABLE.

www.ingramcontent.com/pod-product-compliance
Lightning Source LLC
LaVergne TN
LVHW052204200726
843508LV00015B/629